Udo Sierck

KÖRPERKULT UND BEHINDERUNG

Eine Geschichte zwischen Erniedrigung und Faszination

AG SPAK Bücher

Impressum

1. Auflage 2023

ISBN 978-3-945 959-71-8

Satz + Umschlaggestaltung: Hannelore Zimmermann
Herstellung: Druckerei Kleb, Wangen

Erscheinungsort: Neu-Ulm
Die Veröffentlichung erscheint als M 368 in der Reihe Materialien der AG SPAK

Zu bestellen über den Buchhandel oder direkt bei:

AG SPAK Bücher — Fax 07308/919095
Burlafinger Str. 11 — E-Mail: spak-buecher@leibi.de
89233 Neu-Ulm — Internet: www.agspak-buecher.de

Auslieferung für den Buchhandel: Die Werkstatt Verlagsauslieferung
Königstraße 43, 26180 Rastede, Tel. 04402 92630

Bibliografische Informationen Der Deutschen Bibliothek

Die Deutsche Bibliothek verzeichnet diese Publikation in der Deutschen Nationalbibliografie. Detailierte bibliografische Daten sind im Internet unter: http://dnb.de abrufbar.

Udo Sierck

KÖRPERKULT UND BEHINDERUNG

Eine Geschichte zwischen Erniedrigung und Faszination

AG SPAK Bücher
Arbeitsgemeinschaft sozialpolitischer Arbeitskreise

Inhalt

1. Einleitung

Die Augen der Romanfigur Doktor Sarfati suchten sich „einzelne Passanten aus der Menge heraus und studierten sie mit geradezu wissenschaftlicher Neugier – die Narbe auf einem Gesicht, das Humpeln einer alten Frau, die Beinstümpfe eines verkrüppelten Bettlers auf dem Trottoir. Er konnte diese Menschen studieren, ohne ihnen in die Augen zu sehen, sein Blick war der eines Forschers, nicht ohne Mitgefühl, doch was ihn faszinierte, waren Funktion und Krankheit des Körpers, nicht das, was andere Seele nannten“ (Speck 2021, 73f.).

Körper mit auffallenden Merkmalen oder Bewegungen sind seit Jahrhunderten der Sensationslust ausgesetzt. Was Betreffende dabei empfinden, spielt keine wesentliche Rolle. Gegenwärtig sind sie bei Misswahlen, auf dem Laufsteg oder bei olympischen Spielen zu betrachten. Die Faszination ist ihnen sicher. Es wäre einfach, in diesem Phänomen nur die Fortsetzung der Historie zu sehen. Aber auch die Behauptung, hier zeige sich ein Resultat emanzipatorischer Bestrebungen, wirkt zu kurz gegriffen.

Der zu beobachtende Kult um den makellosen Körper lässt Zweifel an der angeblichen Akzeptanz jener aufkommen, die nicht dem Ideal von Schönheit und Fitness entsprechen. Was diese Werte aber genau bedeuten, bleibt in der Vorstellung ungenau. Der Soziologe Max Weber lieferte vor gut hundert Jahren eine Definition von einem Idealtypus. Demnach wird dieser „gewonnen durch einseitige Steigerung eines oder einiger Gesichtspunkte und durch Zusammenschluss einer Fülle von diffus und diskret, hier mehr, dort weniger, stellenweise gar nicht, vorhandenen Einzelerscheinungen." Dieses Gedankenbild ist „nirgends in der Wirklichkeit auffindbar, es ist eine Utopie" (zit. in Brunner 2015, 51f.). Dennoch: 42% der Frauen und 25% der Männer sind mit ihrem Äußeren nicht zufrieden. Der Druck der Schönheitsideale wirkt. In den sogenannten sozialen Medien verändern 80% der Dreizehnjährigen ihre Fotos in Richtung angesagter Ideale, Essstörungen und psychische Probleme nehmen in diesem Zusammenhang zu (Wasmuth 2021). Die Aussage „Ich mache mich nur für mich schön" übersieht die Zwänge, die durch den Boom an Ratgeberliteratur, Diättipps, Fitnessangeboten, Kosmetikhinweisen oder Schönheitschirurgie für den sozialen Status einer Person sowie deren eigenen Wertschätzung entstehen.

Gesundheit, Attraktivität, Leistungsfähigkeit sind Kriterien für die Schönen und Tüchtigen. Die Kehrseite dieser Wunschvorstellungen ist die Behauptung, krank, hässlich oder erschöpft zu sein. Wer funktioniert, wer selbst- oder fremd-aufgelegte Anforderungen pausenlos erfüllt, gilt als gesund. Physisches und psychisches Wohlbefinden bleiben dagegen ein nachgeordneter Gedanke. Krankheit und Behinderung bedeutet in diesem Verhältnis, Leistungsmängel nicht ausgleichen zu können, zu schwach zu sein. Das provoziert den Hinweis, dass nahezu unerkannt in ‚Fitness-Training' oder ‚Fitness-Studio' die sozialdarwinistische Kategorie des ‚survival of the fittest' steckt.

Für eine berufliche Karriere sind Faktoren wie Attraktivität, Körpergröße und Körpergewicht bedeutsam. Nachgewiesen ist, dass große Menschen schneller die Erfolgsleiter erklimmen und dabei mehr verdienen. Frauen mit einem Körpergewicht unter dem Durchschnitt erhalten mehr Gehalt als jene, deren Gewicht über den Durchschnitt liegt. Bei Männern spielt dagegen erst extremes Übergewicht eine negative Rolle für den beruflichen Erfolg. Mehr Frauen als Männer geben an, dass physische Attraktivität bedeutsam für den Berufseinstieg und den Verlauf der Karriere sei. Dabei soll der weibliche Körper nicht nur schlank sein, sondern zunehmend auch austrainiert wirken. Das erfordert stete Arbeit am eigenen Körper, er dient als Mittel, um Disziplin und Willensstärke zu demonstrieren. Signalisiert wird die Bereitschaft, hart und zielgerichtet zu arbeiten. Diese Tendenz zu umfassender Fitness hat für Personen mit einer Einschränkung ausgrenzenden Charakter (vgl. Ehret/Krumpholz 2022, 25f.).

Gibt es die schöne Hässliche oder den hässlichen Schönen – diese Frage wird seit Jahrhunderten diskutiert. Die Antworten variieren. Auffallend aber ist, dass der Körper im Mittelpunkt der Überlegungen steht. Und das Huldigen von Schönheit besitzt als Kehrseite die Abkehr vom Hässlichen. Erhalten bleibt die Faszination für lädierte Körper. Sie produziert Erniedrigung, aber auch den Willen zur Selbstbehauptung.

Deshalb tauchen in den folgenden Kapiteln immer wieder biographische Zeugnisse und literarische Quellen auf, die das Leben mit einer Beeinträchtigung erkennbar machen.

2. Die Schönen und die Hässlichen

Überliefert ist vom französischen Schriftsteller Honoré de Balzac die Behauptung, der Vorteil der Hässlichkeit gegenüber der Schönheit sei, dass die Schönheit vergeht, die Hässlichkeit aber bleibt. Was Balzac als schön oder hässlich empfand, bleibt ungewiss. Beide Begriffe besitzen vielerlei Zuschreibungen. Auf der Suche nach Synonymen für ‚schön' finden sich Worte wie angenehm, anziehend, bezaubernd, großartig, märchenhaft, zauberhaft, phantastisch, wunderbar oder strahlend. Für ‚hässlich' steht scheußlich, anstößig, obszön, hassenswert, monströs, widerlich, entsetzlich, eklig, furchterregend, widerwärtig, gemein, alptraumhaft, unförmig oder entstellt. Die Alltagssprache drückt die Wertschätzung des Schönen aus, während das Hässliche gewöhnlich Ablehnung signalisiert.

Philosophische Gedankenspiele

Doch ganz so eindeutig ist dieses Gegenüber nicht. Zunächst sind individuelle Sichtweisen zu berücksichtigen. Der schottische Philosoph David Hume (1711 bis 1776) ging davon aus, dass eine Sache oder ein Körper nicht an sich schön oder hässlich sei. Diese Einordnung hänge vielmehr vom Blick der Betrachtenden ab, die Bewertungen seien somit subjektiv. Etwa 1745 formulierte er diesen Gedanken in seiner Schrift „Über die Regel des Geschmacks". Nach Hume sei Schönheit keine feststehende Eigenschaft. Denn sie existiere nur in dem Geist der Betrachtenden und von denen nehme jeder und jede eine andere Schönheit wahr. So kann es vorkommen, dass manche dort Schönheit zu erkennen glauben, wo andere nur Hässliches sehen. Deshalb sollten alle ihrem eigenen Gefühl folgen und nicht versuchen, anderen die Sichtweise vorzuschreiben. Das Fazit von Hume lautet, die „wahre Schönheit oder die wahre Hässlichkeit zu suchen sei ein ebenso vergebliches Unterfangen wie der Versuch festzustellen, was das wahre Süße und was das wahre Bittere sei" (zit. in Eco 2004, 247).

Einen ähnlichen Ansatz verfolgt in seiner „Ästhetik des Hässlichen" der Philosoph Karl Rosenkranz (1805 bis 1879). Er betont einleitend den untrennbaren Zusammenhang von schön und hässlich und erklärt, dass das Hässliche „ein Begriff sei, der als ein relativer nur in Verhältnis zu einem andern Begriff gefasst werden könne, ist unschwer einzusehen. Dieser andere Begriff ist der des Schönen, denn das Hässliche ist nur, sofern das Schöne ist, das seine positive Voraussetzung ausmacht. Wäre das Schöne nicht, so wäre das Hässliche gar nicht, denn es existiert nur als Negation desselben." Für Rosenkranz ist das Schöne „die göttliche, ursprüngliche Idee, und das Hässliche, seine Negation, hat eben als solches ein erst sekundäres Dasein. Es erzeugt sich an und aus dem Schönen. Nicht, als ob das Schöne, indem es das Schöne ist, zugleich hässlich sein könnte," nämlich dann, wenn sich seine Bestimmungen in das Gegenteil verkehren (Rosenkranz 1853, 7).

Die philosophischen Darlegungen des Autors Rosenkranz bieten keineswegs ein Loblied auf die Figur des behinderten Menschen, der wie üblich als gramgebeugt vorgestellt wird. Aber immerhin findet sich die Behauptung: Der Person mit einem Buckel „liegt nicht viel an Kraft, denn Hässlichkeit ist kühn. Ihr Wesen ist's, an Herz und Geist die Menschheit zu überholen, und den Andern gleich, ja, höher sich zu stellen. Weil die Hässlichkeit in ihrer Negativität etwas Positives ist, so fühlt sie sich einsam und dieses Gefühl ist ihre größte Pein" (ebd., 87).

Die bucklige Hexe mit knochigen Fingern und wirren Haaren wird als hässlich angesehen, wenn sie böswilliges im Schilde führt. Die gleiche optische Figur bekommt etwas sympathisch zauberhaftes, sobald sie auf der Seite des Guten steht. In diesem Fall entscheidet nicht das Äußere über schön und hässlich, sondern die Handlungen der Betrachteten. Ähnlich verhält es sich mit der Sorge eines Kirchenmannes angesichts eines schönes Gemäldes, das Hölle und Teufel zeigt: Ist der Teufel noch mahnend hässlich angesichts dessen Einfügung in schöne Kunst sowie der Bewunderung für das Bild?

Gleiche Zweifel regen sich mit dem Blick auf unterschiedliche Kulturen. Während möglicherweise eine Holzfigur aus einer afrikanischen Region in Westeuropa als exotisch, nicht aber als schön, wahrgenommen wird, gilt das Kunstwerk im Herkunftsland denkbarerweise als Ausdruck vollendeter Schönheit. Genauso könnten Porträtmalereien für Entzücken sorgen, während andernorts über deren Hässlichkeit nur der Kopf geschüttelt wird.

Im Mittelalter – schreibt Umberto Eco – wird wahrgenommen, dass Schönheit sich nicht allein auf Proportionen beschränken lässt. Er zitiert Hugo von St. Victor, der sich im zwölften Jahrhundert für das Wunder der Farben begeistert: „Über die Farbe der Dinge muss man nicht viel sagen, weil ihr Anblick ja schon zur Genüge zeigt, wieviel Schönheit der Natur beigegeben wurde (...). Was ist schöner als das Licht, das, obwohl es selbst keine Farbe hat, die Farben aller Dinge trägt (...)? Was ist schöner anzuschauen als ein heiterer Himmel, der leuchtet wie ein Saphir und durch seine höchst angenehme Klarheit den Blick auf sich zieht (...)? Die Sonne glänzt wie Gold, der Mond ist matt wie Amber, (...) Sterne funkeln wie Flammen, andere leuchten in purpurnem Licht, wiederum andere zeigen abwechselnd einen purpurnen, grünlichen oder weißen Glanz“ (zit. in Eco 2004, 125).

Trotz dieser Vorbehalte, schön und hässlich sind bei Bewertungen von Körpern üblich. Die Kombination aus körperlichen Abweichungen und moralischen Fehlverhalten findet sich schon in der „Ilias" vom griechischen Dichter Homer, der vermutlich im 7. Jahrhundert v.Chr. gelebt hat. In diesem Epos taucht die Figur des stets missgünstigen Thersites auf: „Alles saß nun ruhig, umher auf den Sitzen sich haltend; / Nur Thersites erhob sein zügelloses Geschrei noch: / Dessen Herz mit vielen und törichten Worten erfüllt war, / Immer verkehrt, nicht der Ordnung gemäß, mit den Fürsten zu hadern, / Wo ihm nur etwas erschien, das lächerlich vor den Argeiern / Wäre. Der hässlichste Mann vor Ilios war er gekommen: / Schielend war er, und lahm am anderen Fuß; und die Schultern / Höckerig, gegen die Brust ihm geengt; und oben erhob sich / Spitz sein Haupt, auf der Scheitel mit dünnlicher Wolle besäet" (zit.in Jäger 2014, 17).

Äsop und das Weinfass

Über die legendäre Figur des griechischen Fabeldichters Äsop – er lebte wahrscheinlich im 6. Jahrhundert v.Chr. – hieß es, er sei hässlich und nahezu arbeitsunfähig. Seine Gestalt prägte ein Hängebauch sowie ein vorstehender Kopf, dabei hatte er unterschiedlich lange Arme und einen gekrümmten Gang. Er schielte, war stumpfnasig und zahnlos, offenbar taub und seine Haut wirkte schmutzig. Demnach hinterließ Äsop einen abstoßenden Eindruck (vgl. Eco 2010, 30). Ob diese überlieferte Beschreibung im Detail stimmig ist, muss ungewiss bleiben. Jedenfalls wusste Äsop sich zu wehren. Nachdem über ihn wegen seiner Hässlichkeit gelacht und beleidigend gescherzt wurde, wandte er sich an die Bürger von Samos und fragte, was es über ihn denn so sehr zu spotten gäbe? Denn nicht auf das Äußeres einer Person sei zu schauen, sondern auch deren Gedanken seien zu prüfen. Es ist – so Äsop – „unsinnig, den Verstand eines Menschen zu tadeln, weil er nicht hübsch aussieht. Viele Hässliche haben doch einen klugen Verstand". Äsop endet mit einem Vergleich: Hast „du ein Weinfass nur von außen gesehen, ihm aber noch keine Probe entnommen, so kannst du über den Inhalt nichts wissen" (zit. in Röder 2021, 139).

Auf die Frage, ob die Menschen in der griechischen Antike nicht manchmal unter einem Schönheitskult gelitten haben, antwortet der Archäologe Tonio Hölscher: „Ich frage mich, wie die Griechen sich im Alltag mit diesen Bildern und Statuen und deren perfekten Körpern gefühlt haben. Das öffentliche Auge registrierte ja alles – zumal das körperliche Ideal auf Ausbildung und nicht rein auf Natur beruhte." Hölscher verweist auf Gegenstimmen wie den Dichter Achilochos: „Ich schätze nicht einen hochgewachsenen, edel frisierten Feldherrn, sondern einen, der kurz ist, krummbeinig, dafür aber stramm auf den Füßen und mutig im Herzen" (Cammann 2021). Nach Hölscher wird mit dieser Behauptung der ethische Wert gegen den Körper ausgespielt, ein Ansatz, der sich in den Disputen Platons gegenüber dem als hässlich gekennzeichneten Sokrates wiederholt.

Denn für den griechischen Philosophen Platon zeigt sich die Schönheit der Seele im Glanz der Gesichter, der Körper sei nur lästige Hülle. Zur Begründung beruft er sich auf diese Begebenheit: Die „Schönheit aber war damals leuchtend zu sehen, als mit beglückenden Reigen wir im Gefolge des Zeus, andere in dem eines anderen der Götter eines seligen Anblicks und Schauens genossen," selbst „noch ohne Fehl und unberührt von den Übeln, die in späterer Zeit auf uns warteten, dabei aber das Unverfälschte und Lautere und Unwandelbare und Beglückende mit geweihten und priesterlichen Auge in reinem Glänze schauend, als Reine selbst und nicht eingekerkert in diesen Körper, wie wir das jetzt nennen, was wir mit uns, der Auster gleich angebunden, herumtragen" (Platon 1873, 16). Diese wohlklingenden Worten halten Platon nicht davon ab, in seinem Entwurf für einen perfekten Staat die Empfehlung zu geben, zu töten, wer körperlich oder seelisch nicht wohlgeraten sei.

Dagegen verortete der Philosoph Plotin im 3. Jahrhundert die wahre Schönheit in den inneren Werten: „Da ist es denn in der Tat eine größere Schönheit, wenn du an jemanden die Weisheit schaust und bewunderst, ohne auf sein Antlitz zu blicken; mag dies immerhin hässlich sein, lass du nur die ganze äußere Erscheinung bei Seite und suche die innere Schöne an dem Manne." An die Zweifler gewandt, forderte Plotin die ehrliche Selbstbefragung: Fühlst „du dich aber noch nicht bewogen, einen solchen schön zu nennen, dann hast du dich auch noch nicht beim Blick in das Innere an deiner eigenen Schöne erfreut. So würdest du dann freilich in solchem Zustande jene vergebens suchen, denn du wirst sie suchen mit hässlichem und nicht mit reinem Sinne." An anderer Stelle rät Plotin: Kehre „ein zu dir selbst und sieh dich an, und wenn du siehst, dass du noch nicht schön bist, so tue wie der Bildhauer, der fortmeißelt, bis er das schöne Antlitz an der Büste vollendet hat" (Plotin, Die Enneaden, zit. in Eco 2004, 184).

Marc Aurels Buckel

Die Beschreibung einer Marmorskulptur aus jener Zeit beginnt mit den Worten: Den „wohlgestalteten Kopf mit Locken und gepflegtem Vollbart verbindet ein gedrungener Hals mit einem verwachsenen Körper mit Buckel, vorgewölbtem Brustkorb und eingezogenem Bauch. Der Rumpf ist insgesamt verkürzt, so dass das wenig plastische Gesäß unvermittelt dem verkrümmten Rücken folgt." Es folgen Anmerkungen über das Antlitz. Denn „das Gesicht deutet mit den schmalen Lippen, dem leicht nach oben gewendeten Blick und der geduckten Haltung nicht nur Misstrauen und lauernde Entschlossenheit an, sondern zeigt zugleich den gutmütigen, leicht ironischen Ausdruck eines ruhig und genau beobachtenden freien Geistes“ (Neumann 2005, 32). Archäologische Vergleiche sollen herausgefunden haben, dass es sich bei dieser Figur um den Denker und Kaiser Marc Aurel handelt. Das wäre bemerkenswert, weil in anderen Beschreibungen von einem Buckel keine Rede ist. Zugleich wird in die Skulptur interpretiert, die Darstellung zeige auf, dass die abweichende körperliche Gestalt als Möglichkeit alle treffen kann, unabhängig vom sozialen Status und geistigen Vermögen. Und es „wird der Ansicht entgegengetreten, dass Menschsein mit körperlicher Unversehrtheit gleichzusetzen und die Schönheit des Körpers der Maßstab für die Beurteilung der Seele sei“ (ebd.).

Dennoch bleibt der Körper im Mittelpunkt der Huldigungen und Schmähungen, sowohl die der Frauen als auch die der Männer. Der französische Hofdichter Chrétien de Troyes beschreibt den Helden Cligès aus seiner um das Jahr 1176 entstandenen gleichnamigen Verserzählung als junge und intelligente Idealfigur. Troyes dichtet über die Schönheit von Cligès: Schon mit fünfzehn stand er in der Blüte seiner Jahre, er war hübsch und schön wie Narzissus, hatte aber viel mehr Verstand als dieser. Cligès bestach durch eine wohlgeratene Nase und einen schönen Mund, sein Haar glänzte golden und sein Gesicht hielt den Vergleich mit einer früh erblühten Rose stand. Seine Gestalt war ungewöhnlich schön, denn die Natur hatte Cligès alles vom Besten mitgegeben, was sie sonst nur an Einzelne verteilt (vgl. Brunner 2015, 49f.)

Walther von der Vogelweide (vermutlich 1170 geboren und um 1230 gestorben) gilt als einer der bedeutendsten deutschsprachigen Lyriker des Mittelalters. Er besang seinen Traum von einer Frau mit den Worten: Ihr Antlitz ist so wonnereich, als obs mein Himmel wollte sein: Fürwahr, wem anders wär es gleich? Es strahlt im himmlisch-holdem Schein! Und weiter: Gott schuf die Wangen ihr mit Fleiß, und keine Farbe er verdarb: Welch reines Rot, welch reines Weiß, hier rosiglich, dort lilienfarb! Ich seh es wohl genauso gern. Dazu ihr Hälslein, wie auch Fuß und Hand, vollkommen ists und wohlgebaut – was ich sonst noch zu loben fand, hab ich noch lieber angeschaut. Ich hätte ungern decke dich gerufen, als ich nackt sie sah – nicht sah sie mich, doch traf sie mich (Vogelweide 1907, L53).

Der italienische Dichter, Gelehrte und Geistliche Pietro Bembo meinte, Schönheit sei die Anmut, die aus vollendeten Proportion und aus der Harmonie der Dinge entsteht. Dahinter verbarg sich eine individuelle Sicht auf das Phänomen der Schönheit. Bembo schrieb 1522 die folgenden Zeilen, die vermutlich seiner jungen (verheirateten) Geliebten galten. Schönheit bekommt in dem Gedicht diverse Attribute:

„Goldene Locken, strahlend und rein wie Bernstein, / die bei jedem Hauch über den Schnee wallen und fliegen, / süße Augen heller als die Sonne, / die die finstere Nacht zum heiteren

Tag machen, / Lachen, das jede schwere Last erleichtert, / Rubine und Perlen, aus denen Worte quellen, / so süß, dass die Seele kein anderes Gut will, / Hand von Elfenbein, das das Herz fesselt und gefangen hält." Bembo war so hingerissen von seiner Angebeteten, dass er entgegen der Gepflogenheiten die Liaison vor der Öffentlichkeit nicht geheim hielt. Ausdruck ihrer Schönheit war für ihn zudem „ein Gesang, der von göttlicher Harmonie scheint, / ein reifer Geist im jugendlichen Alter, / auf Erden nie gesehener Liebreiz, / höchste Schönheit vereint mit höchster Würde, / waren der Funke für mein Entflammen, und sind in Euch / eine Gnade, die der weite Himmel nur wenigen verleiht" (zit. in Eco 2004, 216).

Der hässliche Priester

Das Gegenteil zum Schönen ist in der christlichen Welt mit dem Bild des Teufels verknüpft. Seine Körperlichkeit verbreitet Angst und Schrecken. Eine Schilderung aus dem 11. Jahrhundert beschreibt die Begegnung mit dem Grausen in Menschengestalt: Eines Nachts erschien „am Fuß meines Bettes ein schrecklich anzuschauendes Wesen in menschlicher Gestalt." Es war „von mittlerer Größe, hatte einen dünnen Hals, ein hageres Gesicht, tiefschwarze Augen, eine runzlige und zusammengezogene Stirn, eingedrückte Nasenflügel, einen vorspringenden

Mund und üppige Lippen, ein schwindendes und sehr schmales Ziegenbärtchen, behaarte und spitze Ohren, die Haare standen ihm wild zu Berge, es hatte ein Hundegebiss, einen spitzen Hinterkopf, eine geschwellte Brust, einen Buckel und bewegliche Hüften, es trug schmutzige Kleidung und sein ganzer Körper schien vor Anstrengung zu zittern" (zit. in Eco 2010, 93). Bei dieser Vielzahl an äußeren Merkmalen scheint es leicht, jemandem bei Bedarf die teuflische Gemeinschaft zu unterstellen.

Die katholische Kirche schlug sich indes in der frühen Neuzeit mit Blick auf ihre Priester mit der Frage herum, wann der Ausschluss von „gebrechlichen Körpern" legitim sei. Denn von einem fragilen Körper könne auf eine mögliche Unordnung in der Kirche selbst geschlossen werden. Immerhin findet sich im Alten Testament im Dritten Buch Mose die Aufforderung des „Herrn" an Aaron, Menschen mit erkennbaren Besonderheiten auszuschließen: „Keiner deiner Nachkommen, auch in den kommenden Generationen, der ein Gebrechen hat, darf herantreten, um die Speise seines Gottes darzubringen." Wem dieses Verbot treffen sollte, konkretisierte die folgende Aufzählung: „Kein Blinder oder Lahmer, keiner im Gesicht oder Körper Entstellter, kein Mann, der einen gebrochenen Fuß oder eine gebrochene Hand hat, keiner mit Buckel, kein Kleinwüchsiger, keiner mit Augenstar, Ausschlag, Flechte oder Hodenquetschung" (Einheitsübersetzung 2016, o. S.).

Übereinstimmung herrschte in der kirchlichen Diskussion darin, dass das Gesicht von herausragender Bedeutung sei. Denn aus dem Aussehen des Gesichts „werde am meisten auf Schönheit oder Deformität des ganzen Menschen“ geschlossen (Röder 2021, 135). Narben, deformierte Nasen oder fehlende Ohrmuscheln waren Alarmzeichen, weil sie einen unsteten Lebenswandel signalisieren und damit das kirchliche Ansehen schädigen könnten. Es herrschte die Angst vor dem Skandal am Altar. In diesem Sinne wurde festgehalten, die „Körpergröße macht jemanden nur irregulär, wenn sie ein scandalum hervorruft oder zum Lachen bewegt; sonst aber nicht, was passieren kann, wo Gleiche unter sich sind. Pygmäen sind also unter Pygmäen nicht irregulär, ebenso wenig wie Giganten unter anderen Giganten“ (zit. in ebd., 148). In diesem Sinne wandte sich ein Bischof wegen einem Makel im Gesicht an den Vatikan: Ein „gewisser Bruder der Augustiner hat ein so lepröses Gesicht, dass die Menschen ihn nicht ohne große Abscheu und Übelkeit ansehen können. Wegen dieser so großen Deformität des Körpers habe ich ihn oft ermahnt, dass er sich der Heiligen Messe enthalte“ (ebd., 170). Laut Beschluss wurde dem Bruder das Abhalten der Messe grundsätzlich nicht verboten, sie müsse aber fortan nicht-öffentlich für Leprakranke abgehalten werden.

Entscheidend für einen Makel war dessen Sichtbarkeit. Fehlende Zehen stellten kein Problem dar, auch das von der Kleidung verdeckte Holzbein erregte bei den Kirchenoberen keinen Anstoß. Anders bei kleinen Menschen: So ließe sich zwar Kleinwuchs bei der Predigt mit einem Schemel ausgleichen, dies sei aber auszuschließen, weil es die Gemeinde zum Amüsement verleiten würde. Die körperliche Besonderheit gerät damit erst zum Nachteil im sozialen Kontext und nicht durch das Sosein. Auf sich verändernde Schönheitsvorstellungen weist der Umstand hin, dass fehlende Zähne keinen Makel darstellten, vermutlich, weil dies in der frühen Neuzeit kein unüblicher und zumindest auf den ersten Blick unsichtbarer Zustand war. Äußerst sichtbare Zähne galten dagegen als Defekt, der „kosmetisch behoben" werden sollte (Röder 2021, 212).

Lavater, Lichtenberg und das Gesicht

Das Aussehen des Gesichtes war die Grundlage der Pseudowissenschaft der Physiognomik, die mit dem Namen Johann Kaspar Lavater (1741 bis 1801) verbunden ist. Der Schweizer Pfarrer und Schriftsteller versuchte in seinem Werk „Physiognomische Fragmente" nachzuweisen, dass die Gesichtszüge und das Äußere eines Menschen dessen Charakter verraten. Zur Begründung fragte er: Lässt sich nicht „aus der Vernunft sagen, dass ein krankes und blödes Auge ganz anders als ein gesundes und scharfes aussehen müsse? Dass ein vollständiger physiologisch gesunder Körper seine natürlichen unmittelbaren

Merkmale haben müsse? Muss nicht notwendig ein Körper, dessen Gliedmaßen und Einrichtung nichts fehlet, ein anderes Äußerliches haben und darstellen, als ein physiologisch mangelhafter, muss es also nicht gewisse Kennzeichen geben, wodurch sich diese Verschiedenheit des Äußerlichen bestimmen lässt? Erhellet also nicht daraus, dass der physiologische Charakter des Menschen aus seinem Äußerlichen bestimmbar sei" (Lavater 1772, II. Abschnitt o.S.)? In dieser Logik zeugt Schönheit von guter und begrüßenswerter, Hässlichkeit dagegen von schlechter und verwerflicher Moral. Fast zwangsläufig führen Lavaters Ideen zu rassistischen Diffamierungen. Denn, so der Pfarrer, es sei undenkbar, dass die Entdeckungen eines Newton „im Kopfe eines Mohren, dessen Nase aufgedrückt, dessen Augen zum Kopfe herausragen, dessen Lippen, so aufgeworfen sie sind, kaum die Zähne bedecken, der allenthalben fleischicht und rund ist", entstanden wären (ebd.).

Nach dem Vorbild Lavaters entstanden immer neue ‚wissenschaftliche' Arbeiten, die aus dem Lesen der Gesichter soziale Typen konstruierten. Zusätzlich wurden National- und Verbrechertypen definiert und der Versuch unternommen, die Behauptungen mit Bild- und Fotoserien von Gesichtern zu untermauern. Berüchtigte Bekanntheit erlangte der italienische Arzt und Psychiatrieprofessor Cesare Lombroso (1835 bis 1909), der die kriminelle Persönlichkeit an bestimmten Merkmalen der Kopfform und des Gesichtes zu erkennen glaubte. Dazu zählte er zusammengewachsene Augenbrauen, die fliehende Stirn und kräftige Kieferknochen, dichtes und krauses Haar sowie große Ohren oder die auffallende Pigmentation der Haut. Lombroso schrieb vom „geborenen Verbrecher" und unterstellte Spielsucht, Faulheit, Alkoholismus, fehlende Gewissensbisse, Gewaltbereitschaft, Feigheit oder Eitelkeit als prägende Wesenszüge. Seine Erkenntnisse gewann er auch durch Untersuchungen der Schädel von hingerichteten Personen. Dabei verzichtete er auf die Vokabeln schön und hässlich. Mit seinen Beschreibungen festigte Lombroso das Vorurteil vom biologischen Zusammenhang von körperlichen Besonderheiten und moralischen Makel.

Das Vorurteil besteht aus der Zuschreibung von Eigenschaften, die die Wahrnehmung von Individuen oder Personengruppen bestimmen. Dabei besteht das Vorurteil aus festgefügten und häufig historisch übernommenen Klischees und Stereotypen. Beide Zuschreibungen bleiben unreflektiert und kommen ohne eine Begründung aus. Die als behindert identifizierte Person gilt als unheimlich, unberechenbar oder leidgeprüft; Angehörigen einer bestimmten Ethnie sind per Klischee listig oder berechnend, faul oder aggressiv. Überwiegend sind die Urteile negativ, nur selten sind positive Stereotypen wie der ‚edle Indianer' oder die temperamentvolle Südeuropäerin. Vorurteile sind im „privaten Alltag wie im öffentlichen Leben die Katalysatoren für individuelle und kollektive Ängste, Frustrationen und Aggressionen." Sie schaffen der Mehrheit, die mit ihnen agiert, das „Gefühl der Zusammengehörigkeit und Überlegenheit auf Kosten von Minderheiten, die definiert, diskriminiert, ausgegrenzt werden. Die Ausgrenzung stiftet Gemeinschaftsgefühl und bietet außerdem schlichte Welterklärung in einem antagonistischen System von Gut und Böse" (Benz 2020, 44f.). Und das passiert häufig mit dem ersten Blick auf den oder die Gegenüber.

Der Göttinger Mathematiker und Physiker Georg Christoph Lichtenberg (1742 bis 1799) lebte mit einem Buckel, über den er selbst hin und wieder spottete. Neben seinen „Sudelbüchern", in denen er seine Gedankenblitze festhielt, verfasste er Streitschriften und Essays. Von ihm stammt die Ansicht, der unterhaltsamste Fleck auf der Erde sei das Gesicht. Denn je „länger man Gesichter beobachtet, desto mehr wird man an den sogenannten nichtsbedeutenden Gesichtern Dinge wahrnehmen, die sie individuell machen" (Lichtenberg 1949, Bd.I, 220). Mit den Theorien seines Zeitgenossen Lavater setzte er sich ablehnend auseinander. In der Einleitung seiner 1778 publizierten Schrift „Über die Physiognomik. Wider die Physiognomen" erklärte er seine Absicht: Er wolle „hindern, dass, da grober Aberglaube aus der feineren Welt verbannt ist, sich nicht ein klügelnder an dessen Statt einschliche, der eben durch die Maske der Vernunft, die er trägt, gefährlicher wird, als der grobe. Wir denken feiner, reden feiner und faseln feiner." Lichtenberg fragt, füllt „die Seele den Körper etwa wie ein elastisches Gefäß, das allzeit die Form des Gefäßes annimmt: so dass, wenn eine platte Nase Schadenfreude bedeutet, der Schadenfroh wird, dem man die Nase drückt?" Wenn das so wäre, können unförmige Waden wohl auch am Unterkinn erkannt werden. Und Bezug nehmend auf körperliche Besonderheiten weiter: „Hüte dich vor den Gezeichneten ist ein Schimpfwort, denen die Gezeichneten, von einer gewissen Klasse der Nicht-Gezeichneten in der Welt seit jeher ausgesetzt gewesen sind. Mit größerem Recht könnten also die Gezeichneten sagen: hüte dich vor den Nicht-Gezeichneten. ‚In einem schönen Leibe wohnt eine schöne Seele' gehört auch hierher" (Lichtenberg 1949, Bd.II, 43ff.). Ohnehin war Lichtenberg der Überzeugung, dass seine körperliche Verfassung ihn zur Beobachtungsgabe und zu Gedankenblitzen verhalf. Deshalb seine Vermutung, vielleicht: „kommt es noch dahin, dass man die Menschen verstümmelt wie die Bäume, um desto bessere Früchte des Geistes zu tragen" (ebd., Bd.I, 47). Das menschliche Antlitz faszinierte ihn, denn selbst „dieselben Züge, die wir hässlich nannten, können schön in unsern Augen werden" (ebd., 229).

Die Einlassungen des Immanuel Kant (1724 bis 1804), bedeutender Philosoph der Aufklärung, zur Bewertung des Gesichtes sind zwiespältig. So vertritt er in seinen Überlegungen zum Ideal der Schönheit den Standpunkt, ein Gesicht mit gleichmäßigen Gesichtszügen deute auf einen mittelmäßigen Menschen hin. Auch dürfe ein Antlitz als hässlich bezeichnet werden, wenn aus ihm moralische Verfehlungen sprechen. Dagegen dürften diejenigen, „mit denen man, wie man sagt, Kinder zu Bett jagen kann, oder die ein von Pocken zerrissenes und groteskes (…) Gesicht haben, aber doch zugleich so viel Gutmütigkeit und Frohsinn zeigen, dass sie über ihr eigenes Gesicht Spaß treiben“, nicht als hässlich bezeichnet werden (in Gottwald 2009, 202). Das Hässliche wird abhängig vom sozialen Verhalten und verbindet sich mit der herrschenden Moral. Deshalb wehrt sich Kant gegen das Lachen über jedes hässliche Gesicht. Denn ein „solches Gesicht ist nicht Carricatur, denn diese ist vorsätzlich übertriebene Zeichnung“, zum „Auslachen ersonnen, und gehört zur Mimik; es muss vielmehr zu einer Varietät gezählt werden, die in der Natur liegt und ist kein Fratzengesicht zu nennen (welches abschreckend wäre), sondern kann Liebe erwecken, ob es gleich nicht lieblich, und ohne schön zu sein, doch nicht hässlich ist“ (ebd., 220).

Balsacs Theorie des Gehens

In Anlehnung an Lavaters Physiognomik beschloss der Schriftsteller Honoré de Balzac (1799 bis 1850), eine Theorie des Gehens zu entwickeln. Das Essay gilt als ein Schlüsseltext seines Hauptwerks „Die menschliche Komödie". Balzac schrieb über sein Vorhaben: Nach „Abschluss meiner Analyse wollte ich die Gesetze des Idealschönen" auf „die Bewegung erforschen und sie in einem Gesetzbuch für jene Leute darlegen, die darauf erpicht sind, einen guten Eindruck ihrer Sitten und Gepflogenheiten zu hinterlassen". Zu diesem Zweck beobachtete Balzac die Gangart der Leute auf einem Pariser Boulevard und war schnell irritiert. Denn man müsste herausfinden, „wogegen die schlechten Gehweisen sündigen", ob „die Alten anständig gingen", was zu tun sei, „um die anmutigen Gangarten auszubilden" und „mit welchen Mitteln man seinen Gang verstellen kann, so wie die Höflinge, die Ehrgeizlinge, die Rachedurstigen, die Schauspieler, die Kurtisanen, die rechtmäßigen Ehefrauen und die Spione sich dank ihrer Gebärden, Blicke und Stimmen auf Lug und Trug verstehen" (Balzac 2022, 33f.).

Die Beschreibungen Balsacs besitzen einen Hang zur Komödie. So notierte er in seinen Aufzeichnungen, da „kommt einer, der die Bewegung seines rechten Beines quer durch seinen Körper seiner linken Schulter mitteilt und umgekehrt diejenige seines linken Beines in seine rechte Schulter, mit einer derart an Ebbe und Flut gemahnenden Regelmäßigkeit, dass sich, wenn man ihm beim Gehen zuschaut, einem der Vergleich mit einem auf zwei lange, gekreuzte Stöcke gespannten Anzug aufdrängt." Und dann der Börsenmakler, ein „beleibter Herr, sichtlich bemüht, seinem Aussehen Leichtigkeit und Grazie zu verleihen, und der daher seinen Körper in eine Drehbewegung versetzte, sodass die Schöße seines Gehrockes sich abwechselnd auf seinen Schenkeln abrollten und wieder einrollten", fast so, um die Bravo-Rufe für diesen Auftritt in Empfang zu nehmen. Nun kam „ein hochgewachsenes Fräulein", dessen „trippelnder Schritt eine leichte Kurve beschrieb; ruckartig ging sie in kleinen Stößen vorwärts, als wäre ihr Mechanismus nicht ganz intakt, die Sprungfedern darin eingerostet oder die Dornfortsätze ihrer Körperwirbel schon oft gelötet worden" (ebd., 133f.).

Balzac musterte flanierende Damen im Korsett, die zeigten, was niemand sehen sollte, und Trottel, die so breitbeinig stolzierten, dass die Hunde bequem zwischen ihren Beinen hindurch laufen konnten. Elegante Spaziergänger stemmten ihre Faust in die Hüfte, sodass sie „mit ihren Ellenbogen überall hängenbleiben. Endlich sind die einen krumm, die anderen schief; diese lassen ihren Kopf von einer zur anderen Seite schaukeln", jene wiederum „schieben ihren Körper mal nach hinten, mal nach vorn." So „viele Menschen, so viele Gangarten! Wer sie in aller Vollständigkeit beschreiben wollte, müsste sämtliche Spielarten des Lasters, alle Lächerlichkeiten der Gesellschaft erforschen, die Welt in ihren niedrigsten, mittleren und höchsten Sphären durchstreifen." Verzweifelt gab Balzac seine Suche nach dem idealschönen Gang auf: „Unter den zweihundertvierundfünfzigeinhalb Personen (ich zähle nämlich einen Herren ohne Beine nur zur Hälfte), deren Gang ich analysierte, fand ich nicht eine einzige, die sich in anmutiger und natürlicher Weise zu bewegen verstand" (ebd., 76f.).

Ebenfalls unbeantwortet blieb in Balsacs Gedanken seine Frage, ob die Bewegung des Körpers den Geist zum Blühen bringen oder diesem eher schaden würde. Denn einerseits sei es unbestreitbar, dass große Literatur oder geniale Erkenntnisse der Wissenschaft ohne viel Bewegung entstanden sind. Das Genie käme demnach auch im Sitzen zum Vorschein. Andererseits gäbe es die Bürokraten, deren Körper hinter ihren Schreibtischen ruhen, aber ihren Handlungen würde etwas maschinenähnliches anhaften, Tätigkeiten, die kurz vor der Verblödung stehen. Letztlich verwirft Balsac beide Theorien als „haarsträubenden Unsinn" (ebd., 234).

Die Schönheit der Hinkenden

Balsac war nicht der erste, der sich über das Gehen ausgelassen hat. Denn obwohl hinkenden Menschen vom Volksmund Eigenschaften des Bösen („Der Teufel hinkt!") zugedacht wurden und in Hexenprozessen Erwähnung fanden, entdeckten im 16. und 17. Jahrhundert Dichter und Philosophen das Schöne beim Hinken. Wohl als einer der ersten philosophierte der französische Humanist Michel de Montaigne (1533 bis 1592) über die erotische Attraktivität Hinkender: „Der Italiener hat ein Sprichwort, welches ungefähr so lautet: Der kennt nicht die Süßigkeit ganz, die Venus gewähren kann, der noch keine Hinkende erkannt hat. Der Zufall, oder eine sonderbare Begebenheit, haben dies Sprichwort vor langer Zeit schon zu einer Volkssage gemacht, und man braucht es zugleich vom männlichen wie vom weiblichen Geschlecht". Montaigne übernahm eine Erklärung aus seiner Zeit, die über „irgendeinen wollüstigen Reiz" hinausgeht. Weil „die Beine und Hüften der Hinkenden wegen ihrer Unvollkommenheit die Nahrungssäfte nicht verbrauchen, die ihnen bestimmt sind, so wären die Teile über solchen vollständiger, genährter und rüstiger; oder auch: weil diese Gebrechen sie verhindern, sich viel zu bewegen, so verbrauchten diejenigen, die damit behaftet wären, weniger Kräfte, die sie denn reichlicher bei der Feier der Venus anwenden könnten." Montaigne zweifelte selbst an dieser Behauptung, denn das wäre so, als hätte er „mehr Vergnügen bei einer Frau", wenn diese im „Sizilianischen Sechs Achtel Takt ging" (Montaigne 1797, 120f.).

Die um 1600 geborene Schriftstellerin Margherita Costa war gleichzeitig Opernstar und Kurtisane, Eingeweihte in Papstfamilien und am Hof der Medici sowie Räuberbraut, sie gilt als Feministin und Satirikerin. Sie schrieb 15 Bücher, die schon zu Lebzeiten teils mehrfach aufgelegt wurden. In ihrem umfangreichen Werk tauchen immer wieder Figuren auf, die alle möglichen körperlichen oder geistigen Besonderheiten besitzen. Dabei stehen sie häufig in seltsam liebevoller Beziehung. Etwa wenn die Frau ohne Nase den Verliebten ohne Arme erhört, weil dieser sie nicht schlagen kann. In einem mehrere Seiten füllenden Gedicht preist ein anderer Verliebter die Hässlichkeit seiner Angebeteten. Darin heißt es:

„Warum, wenn andre dich beschimpfen
als Krüppel, Missgestalt, Blamage,
soll ich dich nicht bewundern?
Für mich, du Schöne, bist du stets
Gott Amors edler Page! (…)
Oh du sonderbare Sonne,
bettelarm an jedem Glanz,
oh mein Stern ganz ohne Leuchten,
meine Schöne ohne Schönheit,
du mein Schimmer ohne Strahlen,
du mein Schatz, so elend ausgeplündert -
freudig liebe ich dich allzeit!
Alles Schöne liebe ich in deiner Hässlichkeit“ (Costa 2023, 121f.).

Sind diese Zeilen satirisch oder wohlmeinend, diese Frage stellt sich ähnlich bei der Antwort der schielenden Frau auf die Avancen eines Buckligen:

„Mein Blick von schiefer Pracht
trifft kein gerades Ziel,
weil ich gen Schultern schiel'.
Mein Auge, schief zum Blicke eingerichtet,
sieht ungerade dich gewichtet.

Das Feuer, das in deinem Buckel ist,
ich schau's schief an, bis es mein Herz auffrisst"
(ebd., 263).

Ebenfalls aus Italien besingt ein Gedicht aus dem Jahr 1686 eine (gegenwärtig würde es heißen: eine behinderte) Frau: „Jene mit dem verdrehten Fuß hat einen geraden Blick, der in mir eine unsterbliche Flamme entzündet. Und wenn ihre Füße unbeholfen sind, so hat sie doch von Amor die Flügel, und wenn sie sich träg bewegt – ihr Herz ist energisch und wacker. Den Pfeil schleudert sie, bei defekten Fuß, mit dem Arm, und wenn der Weg auch langsam gegangen wird, so ist der Strahl doch schnell, mit dem sie mir im Herzen jenes Feuer entzündet, von dem ich brenne" (zit. in Jäger 2014, 31).

Auch der Lyriker Christian Fürchtegott Gellert (1715 bis 1769) drehte mit seinem Gedicht „Im Land der Hinkenden" die übliche Sichtweise auf Menschen mit Beeinträchtigungen um. Seine letzte Strophe deutet darauf hin, dass das Gedicht als Kritik an verkrusteten gesellschaftlichen Zuständen zu verstehen sei:

„Vorzeiten gabs ein kleines Land
Worin man keinen Menschen fand,
Der nicht gestottert, wenn er red'te,
nicht, wenn er ging, gehinket hätte;
Denn beides hielt man für galant.
Ein Fremder sah den Übelstand;

Hier, dacht er, wird man dich im Gehen
bewundern müssen,
Und ging einher mit steifen Füßen.
Er ging, ein jeder sah ihn an,
Und alle lachten, die ihn sahn,
Und jeder blieb vor Lachen stehen,
Und schrie: Lehrt doch den Fremden gehen!

Der Fremde hielt's für seine Pflicht,
Den Vorwurf von sich abzulehnen.
Ihr, rief er, hinkt; ich aber nicht:
Den Gang müsst ihr euch abgewöhnen.
Der Lärmen wird noch mehr vermehrt,
Da man den Fremden sprechen hört:
Er stammelt nicht; Genug zur Schande!
Man spottet sein im ganzen Lande.

Gewohnheit macht den Fehler schön,
Den wir von Jugend auf gesehn.
Vergebens wird's ein Kluger wagen
Und, daß wir töricht sind, uns sagen.
Wir selber halten ihn dafür,
Bloß, weil er klüger ist als wir" (Gellert 2023).

Die Umkehrung der Verhältnisse erzählt ähnlich eine Anekdote aus einer Region der Alpen: „Man sollte bei Mängeln oder eigentlich Überfluss, wie Dicke, Buckel, Kropf z. c. so christlich denken, als Keßlers Pfarrer der Alpen, der seine liebe dickköpfige Gemeinde, selbst reichlich versehen, beim Gelächter über einen in die Kirche tretenden Reisenden ohne

Kropf liebreich vermahnte, die natürlichen Gebrechen des Nächsten nicht zu verspotten, vielmehr den Himmel für die Zierde zu danken, die diesem armen Fremdling versagt sei" (in Gottwald 2009, 154).

Ungefähr zur gleichen Zeit werden den angeblich Hässlichen auch jenseits von Liebesglück innere Werte und Fähigkeiten zugeschrieben. In einer Erzählung über einen Bauern namens Berthold hieß es, er sei eine „wahre Missgestalt" – er hatte Plattfüße, Ziegenbeine, feuerrote Augen, Eselsohren und einen schiefen Mund –, doch was „ihm an Formen fehlte, machte er durch einen regen Geist wett: denn er war sehr scharfsinnig und schlagfertig, und außer scharfsinnig war er von Natur aus listig" (zit. in Eco 2010, 147).

In seiner mehrere Strophen umfassenden „Hymne an die Schönheit" dichtete Friedrich Hölderlin (1770 bis 1843):

> *„Stiegst du so zur Erde nieder,*
> *Hohe süße Zauberin!*
> *Ha! der Staub erwachte wieder*
> *Und des Kummers morsche Glieder*
> *Hüpften üppig vor dir hin;*
> *Von der Liebe Blick getroffen*
> *Bebt' und küßte brüderlich*
> *Groll und wilder Hader sich,*
> *Wie der Himmel, hell und offen*
> *Grüßten Wahn und Irre dich."*
> *(Hölderlin 2013, 100f.)*

Bei dem französischen Literaten Emile Villars klang es in einem Lobgesang auf die Pariser Frauen 1866 so: „Sie kann bewundernswert hässlich sein, und eine Behinderung ist für sie zuweilen nur ein Reiz oder eine Faszination mehr. Ich, für meinen Teil, war wie verrückt verliebt in eine Pariserin, die schielte, aber sie schielte ganz sicher nicht, wie es eine Deutsche getan hätte oder sogar eine Frau aus der Provinz, und nirgendwo als in Paris, mein Lieber, konnte ein König – und was für ein König! – für eine Hinkende närrisch werden" (zit. in Jäger 2014, 52)!

Bürgertum und schöne Körper

Zu dieser Zeit ist die bürgerliche Welt „von einer Vereinfachung des Lebens" beherrscht: Die „Dinge sind richtig oder falsch, schön oder hässlich, ohne unnützes Wohlgefallen am Doppelsinn, an gemischten Charakteren und Zweideutigkeiten." Der Bürger ist Egoist „in der Außenwelt (an der Börse, auf dem freien Markt, in den Kolonien), guter Vater, Erzieher und Philanthrop in der Abgeschlossenheit der heimischen Wände." Er kennt „keine moralischen Dilemmata: Zu Hause ist er Moralist und Puritaner, und außerhalb des Hauses, bei den jungen Frauen der proletarischen Viertel, ist er Heuchler und Wüstling" (Eco 2004, 362). Widersprechende dieses Weltbildes werden nicht ernsthaft akzeptiert.

Der französische Schriftsteller Victor Hugo (1802 bis 1885) schuf mit seinem historischen Roman ‚Der Glöckner von Notre-Dame' die auch aus zahlreichen Verfilmungen bekannte Figur des Quasimodo. Über ihn, der als Findelkind vor der Kathedrale gefunden und dort aufgenommen wurde, heißt es, er sei ausnehmend hässlich. Mit seinem gebückten Gang, einem Buckel und von Warzen verformten Augen blieb er in der Öffentlichkeit eine Spottgestalt. Seine unglückliche Liebe zur schönen Esmeralda offenbarte jedoch sein zartes und feinfühliges Innenleben. Der Roman endet damit, dass die Schöne und der Hässliche vereint in einem Grab aufgefunden werden. Hugo verlangte nach einer neuen Ästhetik, denn diese „Muse der Moderne" wird „die Dinge mit einem höher und weiter reichenden Blick erfassen. Sie spürt, dass in der Schöpfung nicht alles im menschlichen Sinne schön ist, dass es Hässliches gibt neben dem Schönen, Missgestaltetes dicht beim Anmutigen, Groteskes hinter dem Erhabenen, Schlechtes zugleich mit dem Guten, Schatten mit dem Licht" (zit. in Jäger 2014, 58f.). Während Hugo auf die Veränderung ästhetischer Maßstäbe setzte, meinte Karl Marx in seinen ökonomisch-philosophischen Manuskripten, mit Geld ließe sich fast alles erwerben. So gesehen sei auch die Schönheit ein Hinweis auf die kapitalistische Gesellschaft. Denn das „Geld, indem es die Eigenschaft besitzt, alles zu kaufen, indem es die Eigenschaft besitzt, alle Gegenstände sich anzueignen, ist also der Gegenstand im eminenten Besitz". Daraus folgt, das „was ich bin und vermag, ist also keineswegs durch meine Individualität bestimmt. Ich bin hässlich, aber ich kann mir die schönste Frau kaufen. Also bin ich nicht hässlich, denn die Wirkung der Hässlichkeit, ihre abschreckende Kraft ist durch das Geld vernichtet. Ich – meiner Individualität nach – bin lahm, aber das Geld verschafft mir 24 Füße". Marx fragt: „Verwandelt also mein Geld nicht alle meine Unvermögen in ihr Gegenteil" (vgl. Eco 2010, 12)? Es ist mit diesem Gedanken anzunehmen, dass manches Auftragsporträt im Sinne der finanzkräftigen Porträtierten geschönt wurde. Aber der Hinweis auf den politischen und sozialen Faktor in der ästhetischen Diskussion erfährt mit dem Aufkommen der modernen Werbung eine neue Bedeutung.

Anfänge von Werbung, Film, Idealfiguren

Denn ein „zentraler symbolischer Wert", den die Werbung im 19. Jahrhundert entdeckt, „ist die Schönheit, und zwar die weibliche Schönheit" (Penz 2010, 20). Die bürgerliche Frau ist in der Familie zuständig für Essen und Getränke, für Kleidung und Hygiene, für die Auswahl sinnvoller und repräsentativer Gegenstände in Küche und Wohnbereich, während der Mann im öffentlichen und beruflichen Leben agiert. Damit sind Frauen bedeutend für den Konsum der angebotenen Waren, aufgrund „dieser Konstellation sind die Frauen auch von Anfang an

Hauptadressatinnen der Werbung" mit Frauenbildern. Die Schönheit eines Models signalisiert angeblich ein unverzichtbares Produkt, dessen Kauf das Prestige und Wohlgefühl der Käuferin hebt – sie fühlt sich mit dem schönen Model verbunden. Im „Endeffekt führt dies zu einer anwachsenden Präsenz" idealer „weiblicher Schönheit im öffentlichen Raum". Damit „verschärft sich ganz entschieden der Schönheitsdruck, der auf Frauen lastet." Ausgehend von der „Überlegung, dass Schönheit nicht bloß eine makellose Hülle darstellt, sondern von körperlichen Haltungen abhängig ist und sich in einem bestimmten Gestus ausdrückt", zählen zum Schönheitsdiskurs körperliche Gewohnheiten wie „die Schrittgröße, die Sitzhaltung oder der Augenaufschlag" (ebd., 21ff).

Seit Beginn des 20. Jahrhunderts arbeiten Film- und Werbeindustrie eng zusammen. So konnten aus den Fotomodellen der Warenhäuser Filmschauspielerinnen werden und umgekehrt. Der junge (Stumm-) Film zeigte häufig Gesichter in Großaufnahme auf der Leinwand, aus denen die Gefühlsregungen abzulesen waren. Diese emotionalen und optischen Eindrücke hinterließen Wirkung. Über den Einfluss des Kinofilms schrieb der Schriftsteller Joseph Roth: Jede „Handbewegung, jeder Augenaufschlag des Helden oder der Heldin" wurde „von der zuschauenden Jugend geradezu verschlungen." Daher „hatten die Frauen dieses kokette Mienenspiel, jenes hoheitsvoll herablassende Kopfnicken, wenn man sie grüßte." Der „Alltag war Film geworden. Das nüchterne kleine Ereignis – Szene. Und sie selbst, all diesen kleinen Männlein und Weiblein, waren Helden und Heldinnen" (zit. in Blume 2019, 203). Es lag nahe, diesen Effekt für Werbekampagnen einzusetzen. Insbesondere „die Kosmetikindustrie nutzte den Kontrast, den viele junge Frauen im Abgleich des eigenen Körpers mit den Körpern ihrer Filmvorbilder zu erkennen glaubten" (ebd., 206), um darauf mit dem Kauf des angepriesenen Produktes zu reagieren.

Schönheitschirurgie

Spätestens mit der industriellen Revolution erhielt der menschliche Körper eine zentrale Aufgabe: Er musste, wie die Maschinen, an denen er arbeitete, reibungslos und störungsfrei funktionieren. Nach Michel Foucault habe man bemerkt, dass „die Beziehung zwischen der Macht und dem Untertan oder besser dem Einzelnen" sich auf „das Individuum als biologisches Wesen beziehen sollte, das in Betracht gezogen werden muss, wenn man die Bevölkerung als Produktionsmaschine zur Erzeugung von Reichtum, Gütern und weiteren Individuen nutzen will. Die Entdeckung der Bevölkerung ist zugleich die Entdeckung des Einzelnen und des dressierbaren Körpers". Ergänzend fährt Foucault zu dieser neuen Konstellation fort, das Leben wird „zu einem Objekt der Macht. Das Leben und der Körper. Bis dahin gab es nur Untertanen, nur Rechtssubjekte, denen man Güter und auch das Leben wegnehmen konnte." Nun muss die Macht „mit realen Dingen umgehen, mit dem Körper und dem Leben. Das Leben gelangt in den Einflussbereich der Macht – eine überaus wichtige Veränderung und ohne Zweifel eine der wichtigsten in der Geschichte der menschlichen Gesellschaften" (zit. in Wehling 2023, 30).

Diese Macht – oder Biomacht – lässt sich nicht zentral verorten, staatliche Stellen sind außer in Ausnahmesituationen nur geringfügig beteiligt. Es handelt sich vielmehr um ein Geflecht aus „Gesundheits- und Bildungseinrichtungen, wissenschaftlichen Institutionen, kommerziellen Unternehmen, Medien und öffentlichen Diskursen" (ebd., 33), die direkt oder indirekt dazu auffordern, seinen Körper zu gestalten. Denn diese Arbeit am Äußeren fällt mit dem Gefühl der Freiwilligkeit leichter, kommt noch Freude an den Techniken der individuellen Vervollkommnung hinzu, steigt die Hoffnung auf nachhaltig erreichte und angestrebte Ziele.

Entsprechend erfolgte die „Definition des schönen Körpers" nach gesellschaftlich anerkannten, messbaren Kriterien. Es etablierte sich die „Gleichung: schön = erfolgreich = beliebt" (Franzen 2020, 247). Im Zweifelsfall musste nachgeholfen werden. Der Chirurg Johann Friedrich Dieffenbach (1792-1847), Chefarzt an der Berliner Charité, gilt als ein Pionier der plastischen Chirurgie. Abweichende „Körperformen, die als Makel galten, werden so umgeformt, dass sie ansehnlich und vorzeigbar sind: Chirurgie wird zur Schönheitsoperation“ (ebd.). Methoden zur unsichtbaren operativen Korrektur der Nasenform ergänzten sich mit dem Mittel, Paraffin und Vaseline unter die Haut zu spritzen, um den schönen Körper zu gestalten. Diese heimlichen Schönheitsoperationen waren noch von der Behauptung der Natürlichkeit begleitet. Die „Umformung des Körpers durch plastische Chirurgie“ zählt erst in der Gegenwart „wie Sport und Diät zu den Selbsttechniken, die in öffentlichen Szenarien enthüllt werden“ (ebd., 249).

Nach der Logik des Sprichwortes „Jeder ist seines Glückes Schmied“ und der Behauptung, eigenverantwortliche Frauen und Männer können immer den sozialen Aufstieg schaffen, so „kann auch jeder einen schönen Körper haben und mit harter Arbeit, Disziplin, Entbehrungsbereitschaft und Pflichtgefühl sei dieser zu erreichen.“ Das bedeutet im Umkehrschluss, wer keinen schönen Körper hat, „hat sich vermutlich nicht ausreichend dafür entschieden“ (Penz 2010, 49). Dieser latente Vorwurf führt zum Modellieren des Körpers in einer Mischung aus selbstbestimmtem Handeln und der Unterwerfung an angesagte Trends, die sich im Laufe der Zeit verändern können. So erlangten Tattoo und Piercing plötzlich in den 1990er Jahren einen regelrechten

Boom, war diese Kunst bis dahin doch Seeleuten oder Insassen von Gefängnissen vorbehalten. Das Zeitalter des unbedingten Individualismus ersetzte allgemeine Ideen von Freiheit durch die Freiheit, sich selbst zu verzieren.

Mit der Etablierung von Fotografie, Kinofilm, Fernsehen und Internet rücken der Körper, sein Aussehen und seine Bewegungen nahezu unausweichlich in den Fokus der Betrachtungen. Dabei sind die Körper in den Medien abstrakt, aber immer attraktiv und makellos, fröhlich und unbeschwert. Das trifft selbst auf die Figuren der Werbung für Pflegeheim und Krankenhaus zu – Institutionen, in denen es wahrlich selten lustig zugeht. Bei diesem ständig präsenten ästhetischen Wettrennen für den Idealkörper haben Menschen mit Einschränkungen das Nachsehen, sobald ein Merkmal erkennbar ist, das nicht den allgemeinen Vorstellungen entspricht. Und tatsächlich verweisen die behinderten Menschen auf eine andere Welt, „nämlich auf all die unbewusst gemachten Dynamiken der Macht, die den Wert des Menschen in unserer Gesellschaft bestimmen. Sie verweisen auf die Tatsache dass jeder Mensch andere Menschen braucht und dass keineswegs das Schicksal alleine vom eigenen Leistungswillen abhängt. Sie stellen den Mythos der Unabhängigkeit und Selbstkontrolle in Frage. Indem die Gesellschaft jedoch die behinderten Menschen ausgrenzt und für ihr Anderssein bestraft, versucht sie ihre Normen zu verfestigen und zu bestätigen. Auf der individuellen Ebene werden dann in der Abwehr der Behinderten, im Unsichtbar machen oder Ungeschehen machen die eigenen Ängste und Wünsche abgewehrt. Man bestätigt sich selbst" (Rommelspacher 2011, 4).

Der Versuch, dieser Wertung mit einem eigenen Schönheitswettbewerb zu entkommen, muss fragwürdig enden. Über ihre Motivation äußerte sich eine Teilnehmerin: „Es geht mir nicht darum, dass ich schon immer mal an einem Schönheitswettbewerb teilnehmen wollte, sondern um etwas Grundsätzliches. Frauen werden in dieser Gesellschaft in zwei Kategorien eingeteilt: in schöne Frauen – und in Frauen im Rollstuhl. Aber das auch beides zusammen geht, das sieht niemand" (Der etwas andere Schönheitswettbewerb 2004, 46). Abgesehen von der Kritik, solche Events würden lediglich dem voyeuristischen ‚Fleischbeschau' dienen, zerstört die Berichterstattung einen emanzipatorischen Ansatz. So titelte das Boulevardblatt ‚Bild': „Jung, schön, Rollstuhl". Dazu räkeln sich blonde Frauen auf dem Boden und halten ihr Dekolleté in die Kamera. Eine andere Zeitschrift präsentierte die Kandidatinnen – aber ohne Rollstuhl. Der Tenor des dazugehörigen Textes lautete: Schön anzusehen – trotz Behinderung (ebd., 47). Es bleibt bei der Zweiteilung des Körpers. Der Behindertenaktivist Ruedi Prerost äußerte sich skeptisch zu solchen Veranstaltungen:

„Die Darstellung herausgeputzter, vornehmlich weiblicher Gesichter und Oberkörper zeigt nicht, was diese Menschen sind, sondern was sie in unserer Gesellschaft ohne Behinderung sein könnten. Die Siegerin bekommt denn auch keine lukrativen Werbeverträge, sondern einen Blumenstrauß" (Prerost 2008, o.S.).

Mit der Schönheit ist es eine widersprüchliche Angelegenheit. Auf der einen Seite streben Frauen und Männer sie als zwanghaft begehrenswert an, andererseits gilt diese fixierte Orientierung als schlicht und oberflächlich. Das ideale Äußere soll die soziale Position aufwerten, kann aber auch in das Gegenteil umschlagen: Wer sich auffallend intensiv mit seiner Schönheit beschäftigt, muss mit der Unterstellung rechnen, dass es mit der Intelligenz nicht so weit her ist. Im Volksmund ist dieses Vorurteil mit der Gleichsetzung ‚blond' und ‚blöd' belegt. Gleichzeitig gilt Schönheit als kalkuliertes Erfolgsrezept bei privaten und öffentlichen Anlässen. Sie wird als Ausdruck der natürlichen Qualität geschätzt und gleichzeitig als Kunstprodukt in Frage gestellt. Das Gefühl, „einem Schönheitsideal entsprechen zu müssen", kann krank machen. Die „Annahme, durch Schönheit Identität und soziale Anerkennung zu erlangen, kann hingegen ein Gefühl von Macht und Selbstbestimmung verleihen" (Posch 2009, 22). Bei diesem Selbstverständnis stört der kleinste Makel und dieser muss retuschiert werden.

Der Körper als Ware

Seit der Corona-Pandemie und der damit verbundenen Zunahme der Kontakte mit fokussierten Blick auf die Gesichter primär über die sozialen Medien haben die Schönheitsoperationen sprunghaft zugenommen: In den USA 2020 um 15%, in Frankreich sogar um 20% (‚Tracks' 2022). Allein die Vereinigung der Deutschen Ästhetisch-Plastischen Chirurgen zählte im Jahr 2021 an die 94.000 Eingriffe für die Schönheit, das war eine Zunahme gegenüber dem Vorjahr um mehr als 15%. Nach Angaben der Fachgesellschaft ließen sich etwa 87% Frauen und 13% Männer behandeln, ein offenbar übliches Zahlenverhältnis. Primär nachgefragt wird das Fettabsaugen, gefolgt von Gesichtseingriffen gegen Falten mit Botox, Lippen- und Nasenkorrekturen oder Oberlidstraffungen sowie Brustvergrößerungen. Dabei werden insbesondere die Patientinnen – so die irreführende Wortwahl – tendenziell immer jünger (Luttmer 2022, 16). Schon im Jahr 2009 schätzte die Fachgesellschaft die Zahl der Eingriffe mit Skalpell und Spritze durch fachfremde Mediziner auf insgesamt eine Millionen pro Jahr. Dahinter verbirgt sich ein lukratives Geschäft: Die durchschnittlichen Kosten für eine Bauchstraffung lagen bei 4.500 bis 5.700 Euro, das Gesichtslifting schlug mit 6.100 bis 8.200 Euro zu Buche, für eine Nasenkorrektur mussten 4.000 bis 5.000 Euro hingeblättert werden, da war die Lippenkorrektur mit 600 bis

1.300 Euro noch vergleichsweise günstig zu haben (Zamponi 2009, 21).

Der wahre Körper ist zur Ware geworden, zu einem gestaltbaren Produkt. In der Gesellschaft der westlichen Welt schwinden Vorstellungen, die den Körper religiös oder als ein Phänomen der Natur einbinden. Der Körper stellt ein Objekt dar, das stets verbessert werden kann. Die Angebote der Schönheitsindustrie bieten sich an, die Zeichen von Ermüdung oder vom Älterwerden zu kaschieren. Obwohl die Rede von der Natürlichkeit in Mode gekommen, lassen immer häufiger Frauen und Männer ihren Körper operativ gestalten. Denn in „beruflichen wie in privaten Beziehungen dient der wahre Körper als Tauschwert oder Investitionsgegenstand. Auf dem Arbeitsmarkt erweist sich für Frauen wie für Männer ein Körper, der auf Dynamik und Jugendlichkeit hin gestaltet ist, als Erfolgsfaktor. So ist die Lidstraffung 2018 der häufigste Eingriff." Denn, so ein in dem Metier tätiger Chirurg, „Falten und hängende Lider werden in manchen Berufen schon als Zumutung empfunden" (Franzen 2020, 251).

Der Kult um den schönen Körper produziert als Kehrseite die Abwertung des ‚unansehnlichen' Körpers. Der Optimierungswahn lässt für Menschen, die keines der erforderlichen Kriterien zum Konkurrieren bieten können, nichts Gutes ahnen. Sie verbleiben auf den diversen Inseln der Exklusion.

3. Körpersensationen – von Freaks und anderen Attraktionen

Dem Schelm Till Eulenspiegel wird die Erkenntnis zugeschrieben, niemand „ist so weise, dass er nicht auch Toren kennen sollte. Und wenn nirgendwo ein Narr wäre, woran sollte man dann die Weisen erkennen" (Mürner 2022, 18)? Tatsächlich war der Hofnarr im späten Mittelalter präsent, es gab wohl keinen adligen oder königlichen Hof ohne diese Figur. Ihre Aufgabe war die scherzende Unterhaltung, manche wirkten als Ratgeber und Prophet (sie waren in großer Mehrheit männlich). Bestimmend war, dass ihr Auftreten „aufgrund geistiger Defekte oder aber auch aufgrund körperlicher Anomalien und Gebrechen" (ebd., 47f.) nicht den herrschenden Normen entsprach. Eine körperliche Besonderheit konnte von Vorteil sein. Denn wollte „man als königlicher Narr erfolgreich sein", war es zwar mehr wert, „einen wirren Geist vorweisen zu können, als eine groteske Gestalt. Wem aber die Natur großzügigerweise beides verliehen hat, dem stand eine brillante Karriere offen. Eine Verkümmerung des Gehirns, die vielleicht durch einen Buckel, einen Wasserkopf, eine starke Kieferanomalie oder wenigstens durch ein Hinken und Stottern unterstrichen wird, machte den Narr zum Star der Menagerie und zum

Gegenstand der Fürsorge, kurz: zum Stolz seines Besitzers." Diese Variante der menschlichen Inbesitznahme bringt „jene Art von perverser und verstörender Faszination zum Ausdruck", die Menschen „angesichts des Fremden, Anormalen, ja des Grauenhaften empfunden" haben und „Abneigung und Anziehung zugleich beinhaltet" (zit. in ebd., 51f.).

Narren und Lachen

Einen Grund für das Lachen über ungewöhnliche Körper sah Thomas Hobbes (1588 bis 1679) im Gefühl der Überlegenheit. Aus seinen Beobachtungen konnte er „schließen, dass die Leidenschaft zu lachen nichts anderes ist, als plötzlicher Stolz, der aus einer plötzlichen Vorstellung von innerer Überlegenheit, im Vergleich mit der Unterlegenheit anderer" und aus der „plötzlichen Vorstellung unserer eigenen Vorteile und unseres Ruhmes" entsteht (zit. in Gottwald 2009, 51). Für die Gegenwart ergänzt die Literaturwissenschaftlerin Renate Jurzik den Ansatz des Lachens aus einer Machtposition mit dem Aspekt der Angst: Demnach macht das „Auslachen vom Standpunkt einer sich überlegen glaubenden Vernunft oder als ein legitimiertes Ritual der Gemeinschaftsstabilisierung" die Person, an der „sich die Katastrophe manifestiert, zum Gegenstand des Gelächters. Wo das Lachen auf dem Gegensatz von Individuum und Kollektiv beruht, opfert es den einzelnen, spricht ihn schuldig und verbündet sich mit der Schicksalsmacht, die dem Belachten widerfährt." Soziale Zusammenhänge oder Umstände bleiben außen vor. Der „Auslachende lässt die Katastrophe immer nur in Bezug auf den anderen zu, stößt sie von sich weg und glaubt sich unangefochten." Da dieses Lachen lediglich „die eigene Unangefochtenheit suggeriert, ist es Selbstbetrug" (zit. in ebd. 52f.). Das unreflektierte Auslachen setzt sich fort. In diesem Zusammenhang steht das Lachen aus Unsicherheit. Gelacht wird, um eigene Verhaltensdefizite zu verdecken oder in überraschenden Situationen und bei ungewohnten Anblicken sich der eigenen Person zu versichern.

Seit der Antike sind die Versuche bekannt, den (politischen) Gegner der Lächerlichkeit auszusetzen, indem sie überzeichnet abgebildet werden. Dabei fließen in unterschiedlichen Epochen das Komische, Lächerliche, Hässliche und Behinderung immer wieder ineinander. Die „Karikatur orientiert sich an moralischen und körperlichen Auffälligkeiten, wobei körperliche Missbildungen und auffällige Proportionen übertrieben dargestellt werden" (Gottwald 2013, 118). Spätestens im 18. Jahrhundert tat sich eine neue Variante der Karikatur auf: Krüppel, Gichtkranke oder Bucklige galten auch ohne Überzeichnung ihrer Besonderheit als Karikatur, nämlich als leibhaftige Karikatur der Natur. Physische und psychische Auffälligkeiten wurden fortan mit Wertmaßstäben von Ästhetik und Moral vermengt. Behinderung wird mit Attributen wie Ekel und Abscheu verbunden, hässlich und lächerlich fügen sich in der Wahrnehmung zusammen. Dieser Zusammenhang von Hässlichkeit und Behinderung hat bis in die 1980er Jahre Geltung, die „Verbrüderung von Schönheit und Moral" ist noch heute aktuell (ebd., 130).

Menschen mit Beeinträchtigungen mussten Spott und Witzeleien über sich ergehen lassen. Ließen sie sich das nicht gefallen und ersannen Varianten der Gegenwehr, wurden ihnen das als Fehler der Natur unterstellt: Wer körperlich ‚missgestaltet' sei, habe auch im Geistigen einen Schaden. Bei Francis Bacon (1561 bis 1626) liest sich das so: „Wer etwas Unabänderliches an seiner Gestalt hat, das Verachtung erregt, trägt zugleich einen beständigen Sporn in sich, dem Gespött auszuweichen und sich davon zu befreien. Deswegen sind alle missgestalteten Menschen besonders verwegen: anfangs um ihrer Selbstverteidigung willen, da sie dem Spott ausgesetzt sind, jedoch im Laufe der Zeit aus völliger Gewohnheit." Aber eines „steht jedenfalls fest: wenn sie Mut besitzen, versuchen sie unter allen Umständen, sich vom Gespött der Welt zu befreien, sei es durch Leistungen, sei es durch Bosheit" (zit. in Gottwald 2009, 222f.). Dieses Resümee lässt sich auch als Kompliment für die Willenskraft der Verspotteten lesen, obgleich Bacon dies nicht so gemeint hat. Gleiches gilt für die Gedanken des Philosophen René Descartes (1596 bis 1650) über die „Unvollkommensten" und wie diese auf das Lachen über ihren Körper reagieren. Man sieht, so Descartes, dass „diejenigen, die offensichtliche Fehler haben, wie zum Beispiel die Gelähmten, Einäugigen, Buckligen, die öffentlich eine Beleidigung erlitten haben, besonders zum Spott neigen. Denn sie wollen die anderen genauso geschmäht sehen, wie sich selbst, und sie sind sehr erfreut über solche Mängel, die sie bei ihnen finden, und halten sie ihrer Wert“ (ebd., 224).

Die bekannten Hamburger Originale der ‚Zitronenjette' und des ‚Hummel-Hummel' dokumentieren die Konsequenzen des Verspottens, von denen heute fast niemand weiß: Henriette Müller (1841 bis 1916) wurde als ein uneheliches Kind in Dessau geboren. Weil der Vater noch vor ihrer Geburt verschwand, zog die Mutter mit ihrer Tochter auf der Suche nach Arbeit in die Hafennähe Hamburgs. Hier heiratete sie, doch der Ehemann lehnte Henriette nicht nur wegen der Unehelichkeit als eigenes Kind ab. Denn sie war mit 132 cm sehr klein, hatte dabei einen kräftigen Körper, offenbar eine markante Nase in einem runden Gesicht und Lernschwierigkeiten. Nur die Halbschwester hielt zu ihr, sie zogen zusammen in eine Wohnung. Um das Einkommen der als Wäscherin arbeitenden Schwester aufzubessern, begann Henriette mit Zitronen zu handeln, eine im Ansatz kluge Idee: Im 19. Jahrhundert waren Zitrusfrüchte teuer und ihr Kauf deshalb ein Zeichen von Wohlstand und Bürgerlichkeit. Henriette erstand jeden Morgen am Hafen die billigeren, manchmal schon leicht angefaulten Früchte und zog dann mit ihrem Tragekorb durch die angrenzenden Straßenzüge und Wohnquartiere, um die Zitronen für 5 Pfennig weiter zu verkaufen. Mit ihren anpreisenden Rufen „Zitron! Zitron!“ wurde sie schnell bekannt, bald hieß sie allgemein die ‚Zitronenjette‘. Aufgrund ihrer äußeren Erscheinung musste sie aber täglich Spott und Gelächter nicht nur von Kindern und Jugendlichen aushalten.

In diesem Gebaren liegt – woran sich kaum jemand erinnern möchte – auch der Ursprung der berühmten Hamburger Kultfigur des Wasserträgers Hummel, mit richtigen Namen Johann Bentz: Kinder zogen ihn mit dem Zuruf „Hummel, Hummel!“ (vermutlich der Name seines Vormieters) auf, was den als schwermütig geltenden Bentz so erregte, das er mit „Mors, Mors!“ antwortete (was plattdeutsch ist und schlicht Arsch bedeutet). Bentz starb im Armenhaus, was in den Souvenirläden der Hansestadt niemanden interessiert.

Auch für die ‚Zitronenjette‘ bedeuteten die theoretischen Erkenntnisse über das Lachen einen Teil ihrer sozialen Wirklichkeit. Hatte sie ihre Ware bis zum Abend nicht verkauft, zog sie durch die Kneipen St.Paulis, um sie dort doch noch loszuwerden. Die Männer fanden es allerdings lustig, Henriette Müller betrunken zu machen und über sie zu spotten. Diese regelmäßige Gemeinheit führte zur Abhängigkeit vom Alkohol, immer häufiger torkelte sie auch tagsüber durch die Gegend. Den Lachern zeigte sie dann schon einmal ihr blankes Hinterteil oder bewarf sie mit Zitronen. Im Gegenzug endete diese Notwehr immer häufiger in den Ausnüchterungszellen diverser Polizeiwachen. Im Spätsommer 1894 wurde Müller wegen Erregung öffentlichen Ärgernisses in die Hamburger Irrenanstalt Friedrichsberg eingewiesen. Nach einem Entzug arbeitete sie dort in der Küche. Mit der Diagnose „leichter Schwachsinn" sollte sie die Anstalt Zeit ihres Lebens aber nie wieder verlassen.

Es wirkt erstaunlich, dass eine unehelich geborene Frau, deren Alltag Armut, Aussonderung und Beeinträchtigung prägten, es zum Original einer reichen Hansestadt bringen konnte. Zur Erklärung dient, dass schon zu Lebzeiten Henriette Müllers ein Bühnenstück über die ‚Zitronenjette' geschrieben wurde, das es mit den Tatsachen nicht so genau nahm und noch in jüngster Vergangenheit im volkstümlichen Hamburger Ohnsorg-Theater für Begeisterung, Lachsalven und gute Laune sorgte.

Fremde Körper und das Gaffen

Aus den Zitaten von Bacon und Descartes lässt sich entnehmen, dass körperlich auffallende Personen zum Alltagsbild gehörten. Trotzdem eigneten sie sich zur Erfüllung der Sensationslust. Über die Gründe der zu beobachtenden Vorliebe für das Schreckliche mutmaßte der Schriftsteller Charles Baudelaire: Für „gewisse Geister, die mit größerer Neugier und Blasiertheit ausgestattet sind, stammt der Genuss der Hässlichkeit aus einer noch geheimnisvolleren Empfindung: dem Durst nach dem Unbekannten, und der Lust am Grauen. Eine Empfindung, deren mehr oder minder entwickelten Keim ein jeder in sich trägt, die gewisse Dichter in die Anatomiesäle und die Kliniken treibt und die Frauen zu öffentlichen Hinrichtungen lockt" (zit. in Eco 2004, 336).

In Bezug zu besonderen Körpern ergänzt sich Sensationslust mit Erniedrigung durch Beschreibung und Sprache. Bezeichnend sind die Sätze zu einem angeblich komischen „Naturfehler" aus der zweiten Hälfte des 19. Jahrhunderts: Was wir Monster „nennen, erscheint uns komisch, wie der von hinten zusammengewachsene Doppelmensch, der jedoch nicht älter wurde als vierzehn Tage; wenn der eine schlafen wollte, zappelte der andere, und was wäre erst geworden, wenn er das Alter von 22 Jahren erreicht hätte? Wie die Doppelmädchen in Ungarn, die sich halb küssten, bald prügelten, bald einander davon trugen, sich um Speise rauften, und wenn das eine wachte, wollte das andere schlafen – wie es im Tode erst gegangen weiß ich nicht – da sie mit den Hintern zusammengewachsen waren und nur einen Anus hatten, so gab es hier keinen Streit – wohl aber beim pissen" (zit. in Gottwald 2009, 208f.). Sich durch verhöhnende Wortwahl zu distanzieren, schloss nicht aus, dem Ungewöhnlichen hinterher zu laufen.

Flugblätter – „kommt und staunt!"

Ein mittelalterlicher Text auf einem Einblattdruck lädt dazu ein, ein besonderes Kind zu bestaunen. Als Attraktion werden vier Aspekte genannt. Zur Sensation gehört demnach neben den körperlichen Merkmalen die Fähigkeit, Kunststücke zu vollführen. Für zusätzliche Neugierde sorgen die Zweigeschlechtlichkeit und die angedeutete Intelligenz:

> *„Kunt und zu wissen seye Allermänniglich / daß allhier ankommen ist ein Kind / welches von Mutter=Leib ohne Füß zur Welt gebohren worden / und diß Kind ist der Natur nach ein Knabel / der Leib aber ist formiert wie ein Weibsbild / anstatt der Füße geht es auff zweyen Brüsten / welche seynd natürlich als bey einer Weibs=Persohn / die rechte Hand hat es natürlich / die linke aber wie ein Meer=Krebs=Scheer; wiewohlen diß Kind nur einen halben Leib hat / steigt es doch von der Erden auff den Tisch / springt behend über einen Hut / setzt sich auff eine Stelle / die nur drey Gewerch Finger breit / daß sich gewß zu verwundern ist / macht noch andere Stückel mehr / welche hier nicht benandt werden / redet auch unterschiedliche Sprachen. Wer nun diß Kind verlangt zu sehen / kan er zusprechen in dem Guldenen Radt / in der Alten Stadt Prag" (Schmidt 2017, 311f.).*

Die Zurschaustellung besonderer Körper gehörte in der frühen Neuzeit zur Alltagsunterhaltung. Ein Einblattdruck aus dem Jahr 1575 lädt das Volk zum Begaffen eines Kleinwüchsigen ein: „Anthoni Franck aus dem / Land zu Gellern geburtig seines Alters 14 / Jahr seine Länge 312 Eln, in / Nürnberg Anno 1575" (Schmidt 2017, 313). Ebenfalls in Nürnberg zeigt eine Radierung auf einem Flugblatt 1679 eine attraktive, wohlgekleidete junge Frau. Neben ihr sind die Utensilien für das Spinnen und Nähen abgebildet. Die Frau hat keine Arme, das erklärt die Bildunterschrift: „Seht nur die Jungfer an! Die Künstlich Klippeln u. Spinnen kann, Kleider Schneiden und Nähen ohne Hand wird geführt durch Manches Land" (Schmidt 2017, 329). Der Verweis auf modische Kleidung, oft auf das Beherrschen mehrerer Sprachen diente zur Distanzierung von den schmuddeligen Bettlern und deren oft offensives Verlangen nach Almosen.

Auf einem Jahrmarkt wurde eine Frau mit vier Brüsten vorgeführt. Der Schriftsteller und Philosoph Voltaire glaubte das Monster zu erkennen, wenn sie ihren Busen anschauen ließ, wenn sie dies jedoch nicht tat, genoss er den erfreulichen Anblick. Aus dieser Beschreibung ergibt sich die Erkenntnis, dass die Verletzung der Norm nicht in der Natur der Frau zu suchen ist, sondern in dem Widerspruch zu den kulturellen und sozialen Werten des gaffenden Volkes (vgl. Stammberger 2011, 18). Die Präsentation des außergewöhnlichen Körpers kann aus Trägern von biologischen Besonderheiten Freaks machen, wenn sie den gängigen Idealen des menschlichen Soseins auffallend entgegenstehen. Bekannt sind in diesem Zusammenhang die Hinweise, dass in einem Land der Einbeinigen die Zweibeinigen oder unter Einäugigen die Zweiäugigen eine Sensation wären. Auf dieser Basis funktionieren die berühmten und zeitlosen Erzählungen von „Gullivers Reisen", den es erst in das Reich der ‚Liliputaner' und dann in das der Riesen verschlägt.

In der Realität berichtete eine Zeitung 1682 über den Tod siamesischer Zwillinge, sie seien verstorben „in Gegenwart einer großen Menge Volcks welche alle angemerckt haben / daß sie fast in einem Augenblick alle beyde ihren Geist auffgegeben". Über eine Hebamme wird 1780 berichtet, dass sie die Leichname der von ihr zur Welt gebrachten siamesischen Zwillinge konservierte und sie Neugierigen gegen Geldzahlung zeigte. Die Vorführungen bedienten die Gefühle der Schaulustigen, die zwischen Horror und Faszination schwanken. Dabei wirkten die Ausgestellten ohne Arme und Beine als Versicherung des eigenen intakten Körpers. Die intersexuellen Deutungen stellen das Konzept der zwei Geschlechter in Frage, der kleingewachsene Mensch verunsichert die Eindeutigkeit von Kind und Erwachsenen, die abgemagerte Person erinnert an die Grenze von Leben und Tod. Eine bärtige Frau sät Zweifel an der Gewissheit der Weiblichkeit (vgl. Schmidt 2017,

310ff.). Siamesische Zwillinge (Abbildung 1) mit einem Baby erregen dagegen die sexuellen Fantasien, wie das wohl zustande gekommen sein mag.

Abbildung 1 (Postkarten, Privatbesitz Udo Sierck)

Wer von der Sensationslust profitierte, ist nicht eindeutig zu klären. Häufig werden die Eltern genannt. Ein „undatierter deutscher Werbezettel preist einen zweijährigen Jungen an, der ohne Arme und Beine zur Welt kam. Von diesem Jungen heißt es, er reise in Begleitung" einer Frau, „wahrscheinlich seiner Mutter" (Schmidt 2017, 314). Ein Vater bietet 1835 in München seine erwachsene Tochter, die nur achtzehn Pfund wiegt, zur Unterhaltung an (Abbildung 2). Das Volk darf in einer Kirmesbude staunen, der Adel kann sich in Privatauftritten belustigen:

> *„Elisabetha Egger ist dermal im zwei und zwanzigsten Jahre ihres Alters, 2 Fuß 8 Zoll groß, mit dem schönsten regelmäßigen Körperbau, und (was bei so kleiner Statur nie der Fall ist) einer sehr angenehmen Gesichtsbildung, dabei verständig und munter, und stellt das artigste Modell eines hübschen Frauenzimmers dar. Sie kann lesen und schreiben, und singt mit Begleitung der Guitarre (…). Sollte es einem hohen Adel oder andern Honorationen gefällig seyn, dieses kleine Mädchen in Person in ihren Wohnungen oder einem Assemblee zu sehen, so wird es sich der Unterzeichnete zum größten Vergnügen rechnen, sie zu produziren."*

Ein Einzelfall ist dieses Angebot sicher nicht. In dem 1894 erschienenen Kinder- und Jugendbuch „Armlos" findet diese drohende Praxis ihren Niederschlag: Die armlose Liba wächst in einer armen

Mit hochobrigkeitlicher Erlaubniß

seine Tochter

Elisabetha Egger,

aus

Lienz in Tyrol,

welche nur achtzehn Pfund wiegt,

C. Egger.

Dieselbe ist von 9 Uhr Vormittags bis Abends 10 Uhr zu sehen.

Der Schauplatz ist vor dem Karlsthor in einer neugebauten Bude zunächst der Krone.

Preise der Plätze:

Standespersonen zahlen nach Belieben.

Erster Platz 12 kr. — Zweiter Platz 6 kr. — Dritter Platz 3 kr.

Abbildung 2

(Abdruck mit freundlicher Genehmigung des Antiquariats Uwe Turszynski, München)

Familie auf, die Mutter ist mit dem Haushalt und der Kindererziehung überfordert, der jähzornige Vater verliert regelmäßig seinen Arbeitsplatz. Zum Glück kümmert sich die gutsituierte Nachbarsfamilie um Liba, mit deren Tochter Erika entwickelt sich eine innige Freundschaft. Erikas Eltern sorgen dafür, dass Libas zeichnerisches Talent von einem befreundeten Kunstlehrer im Privatunterricht gefördert wird. Nachdem sie für Porträts erste Honorare erhalten hatte, kam dem Vater die Idee, mit ihr von Ort zu Ort zu ziehen: Und „ich soll vor den Leuten zeichnen, nähen, essen, sogar des Vaters Gesang auf dem Klavier begleiten! Wie entsetzlich“. Das Zeichnen muss „ich lassen und wie ein fremdes Tier herumgeführt werden und mich um Geld sehen lassen!“ Und dann „die neugierigen Gaffer um mich her, und all‘ das, weil ich ohne Arme geboren bin“ (From 1894, 47). Der Ausweg aus dieser verzweifelten Situation ergibt sich aus der plötzlichen schweren Erkrankung und dem Tod des Vaters. Jetzt sorgt Liba mit dem Verkauf ihrer Zeichnungen für den Lebensunterhalt ihrer Mutter und ihren Geschwistern.

Im Vorwort der Erzählung erwähnt der Autor oder die Autorin, dass „meine Heldin lebt“ und „ich sie kannte als Kind“. Ihre künstlerische Entfaltung „hat mich oft in große Verwunderung gesetzt“. Denn sie hat „ihre Füße mit einer so überraschenden Gewandtheit zu verwenden gewusst, dass man die Abwesenheit der Arme um so eher zu vergessen geneigt war, als die ganze Erscheinung des jungen Mädchens hübsch, anziehend, sogar elegant ist“ (ebd., o.S.) (Abbildung 3).

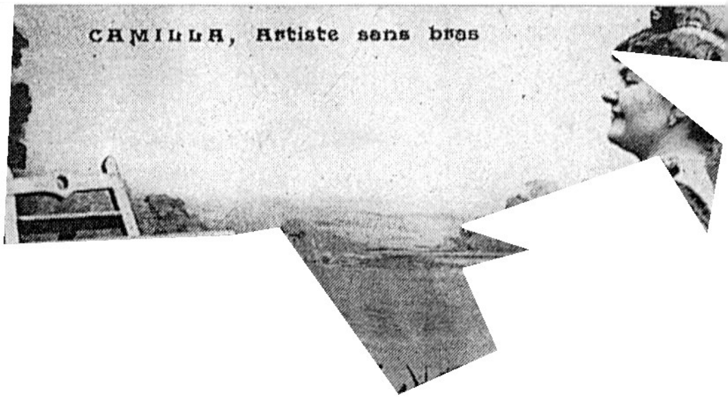

Abbildung 3 (Postkarten, Privatbesitz Udo

Die Orte der Vorführungen waren überwiegend Jahrmärkte oder Wirtshäuser. Manchmal wurden Zimmer angemietet und dort das zahlende Publikum empfangen. Wer von einem Schausteller vorgeführt wurde, musste damit rechnen, würdelos mit Tieren auf eine Ebene gestellt zu werden. Über eine armlose Frau hieß es, sie könne hundert Aktivitäten verrichten. Ihr Auftritt wurde von zwei Affen begleitet, die auf Zuruf ebenfalls hundert Dinge vollführen konnten. Eine kleinwüchsige Tänzerin musste gemeinsam mit einem tanzenden Affen und einem dreibeinigen Hahn auftreten.

Eine undatierte Postkarte zeigt einen großen neben einen kleinen Mann, ein beliebtes Motiv der Körpersensationen (Abbildung 4). Während zu der kleinen Person keine Angaben gemacht werden, finden sich auf der Rückseite der Karte Daten zum ‚Riesen Hugo', die mit dem Angebot zum Wettbewerb schließen. Es bleibt offen, ob Hugo vorgeführt wird oder sich auf eigene Rechnung präsentiert. Zum Text:

Abbildung 4 (Postkarten, Privatbesitz Udo Sierck)

„Hugo, zurück aus Amerika, wurde in den französischen Alpen in St. Martin geboren. Er ist 25 Jahre alt, 2,30 Meter groß und wiegt 430 Pfund. Durch seinen Ring passt ohne Probleme eine 10-Centiemes Münze. Mit dem Daumen deckt er mühelos eine 5-Franc Münze ab. Mit seiner Hand erreicht er ein Objekt in 3 Meter Höhe. Mit ausgestreckten Armen hat er eine Breite von 2 m 37. Seine Schuhe haben die Größe 61. Sein Wadenumfang beträgt 55 cm, die seines Handgelenkes 27 cm. Der Riese Hugo ist das einzig exis-

tierende mit diesen Proportionen. Hugo bietet jedem Konkurrenten – der ihn übertrifft – 1000 Franc."

Vermutlich um 1864 wirbt ein Einblattdruck für eine Kuriosität, die die ausgestellte Frau auf die Stufe der Hundedressur erniedrigt (Abbildung 5):

> *„Non plus ultra. Die Wunderdame nicht zu vergleichen mit dem bis jetzt gesehenen. Fräulein Marie Barbe, aus Epinal (Frankreich), welche unter dem Namen „Die bärtige Schönheit Frankreichs" bekannt ist, hat einen Bart von 30 Centimetres Länge und so dicht, wie selten ein Mann in den besten Jahren. Dieselbe ist täglich von Morgens 10 Uhr bis Abends 10 Uhr zu sehen. Zum Schlusse jeder Vorstellung wird Herr G. Fritz seinen vollkommen dressirten Pudel, genannt Wubo zu produziren die Ehre haben (...) Ein Pudel, der in seiner Dressur noch nie dagewesen, rechnet, zählt, würfelt, spielt Domino und Karten, auch setzt er ganze Wörter zusammen u.a.m."*

Abbildung 5 (Abdruck mit freundlicher Genehmigung des Antiquariats Uwe Turszynski, München)

Eine ganz ähnliche Kombination kündigt 1865 das vergnügliche Unterhaltungsprogramm auf der Messe in Frankfurt a.M. an (Abbildung 6):

Abbildung 6 (Genehm. d. Antiquariats Turszynski, München)

„Große außerordentliche Vorstellungen. Erstens Die schöne Ferdinanda oder der weiblich Coloss. Die Dame, welche erst 22 Jahre alt ist, eine ungeheure Corpulenz besitzt, bei 300 Pfund schwer ist, eines schönen Körperbaues sich erfreut und dennoch eine sehr zierliche Hand und kleinen Fuß hat, wird die Ehre haben, mehrere Musikpiècen auf der Guitarre vorzutragen. Zweitens Die Wunder-Dame, europäische Pastrana genannt, welche eine höchst seltene Erscheinung, da dieselbe bei aller weiblichen Zartheit einen mit männlichen Zügen begabten Kopf besitzt, einen starken Bart trägt, und männliche Arme und Beine hat. Zum Schluß wird der wohlbekannte Mainzer Fritz seinen vollkommen dressirten Pudel, genannt Perripo zu produciren die Ehre haben".

Wenige Jahre später lädt ein in Heppenheim gedrucktes Werbeblatt zum Besuch der Arena mit brillanter Gasbeleuchtung (Abbildung 7):

„Motto: Unglaublich, aber doch wahr!!! Kommt, sehet und staunet! Jacob und Charlotte Demmerle. Die kleinsten Menschen der Welt, rechte Geschwister. Eine Dame, 22 Jahre alt, nur 32 Zoll groß, und ein Herr, 20 Jahre alt, 30 Zoll groß, mit den geregelten Körperconstitutionen. Dieselben produciren sich zur Unterhaltung des hochgeehrten Publikums mit Gesang und deklamatorischen Vorträgen, sowie in der höheren Tanzkunst." Es folgt die Behauptung, dass der Auftritt der Geschwister schon das sächsische Königshaus entzückt hätte.

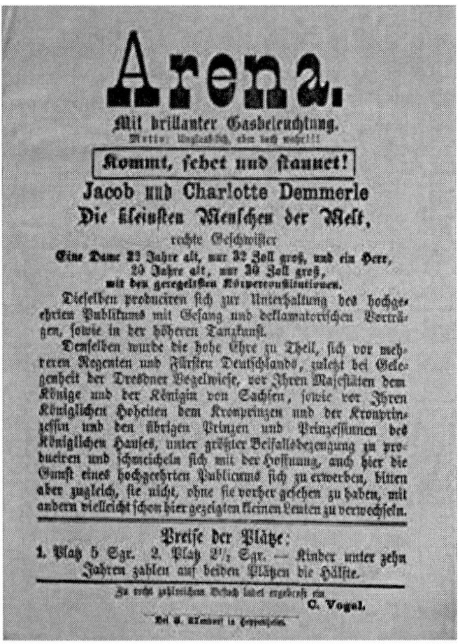

Arena.

Mit brillanter Gasbeleuchtung.

Motto: Unglaublich, aber doch wahr!!!

Kommt, sehet und staunet!

Jacob und Charlotte Demmerle

Die kleinsten Menschen der Welt,

rechte Geschwister

Eine Dame 22 Jahre alt, nur 32 Zoll groß, und ein Herr, 20 Jahre alt, nur 30 Zoll groß, mit den geregeltsten Körperconstitutionen.

Dieselben produciren sich zur Unterhaltung des hochgeehrten Publikums mit Gesang und deklamatorischen Vorträgen, sowie in der höheren Tanzkunst.

Denselben wurde die hohe Ehre zu Theil, sich vor mehreren Regenten und Fürsten Deutschlands, zuletzt bei Gelegenheit der Dresdner Vogelwiese, vor Ihren Majestäten dem Könige und der Königin von Sachsen, sowie vor Ihren Königlichen Hoheiten dem Kronprinzen und der Kronprinzessin und den übrigen Prinzen und Prinzessinnen des Königlichen Hauses, unter größter Beifallsbezeugung zu produciren und schmeicheln sich mit der Hoffnung, auch hier die Gunst eines hochgeehrten Publicums sich zu erwerben, bitten aber zugleich, sie nicht, ohne sie vorher gesehen zu haben, mit andern vielleicht schon hier gezeigten kleinen Leuten zu verwechseln.

Preise der Plätze:

1. Platz 5 Sgr. 2. Platz 2½ Sgr. — Kinder unter zehn Jahren zahlen auf beiden Plätzen die Hälfte.

Zu recht zahlreichem Besuch ladet ergebenst ein

C. Vogel.

[illegible] in Heppenheim.

Abbildung 7 (Abdruck mit freundlicher Genehmigung des Antiquariats Uwe Turszynski, München)

Um 1884 wirbt ein Unternehmer per Flugblatt für den Besuch der Attraktion eines fünfjährigen Kindes (Abbildung 8):

Telegramm!

Wer kommt?

Das Wunderkind kommt.

Julia

Die größte Naturseltenheit der Gegenwart.

Das Riesen- und Kolonistenmädchen aus der Bukowina,

geboren am 29. Dezember 1879.

160 Pfund schwer.

Dieser höchst seltsam entwickelte kleine Coloß, wurde seit 16 Monaten bereits überall mit Staunen gesehen und bewundert, da sie in Wirklichkeit zur größten Sehenswürdigkeit gehört. Sie ist eine liebenswürdige Erscheinung mit großartiger Körperfülle und anmuthig in ihrem Auftreten, weßhalb sie überall der Liebling der Besucher gewesen, und hoffen wir deßhalb auch hier Beifall zu erhalten. Julia, erst 5 Jahre alt, wird sich geistig sehr entwickelt zeigen und sich zum Schluß in 7 Sprachen, in Deutsch, Französisch, Italienisch, Kroatisch, Polnisch, Ungarisch und Böhmisch empfehlen.

Um zahlreichen Besuch bittet der Unternehmer

Ph. Ohr.

Erster Platz 40 Pfg. Zweiter Platz 20 Pfg.

Kinder die Hälfte.

Geöffnet von 10 Uhr Früh bis 9 Uhr Abends.

Abbildung 8 (Genehm. d. Antiquariats Turszynski, München)

„Telegramm! Wer kommt? Das Wunderkind kommt. Julia. Die größte Naturseltenheit der Gegenwart. Das Riesen- und Kolonistenmädchen aus der Bukowina, geboren am 29. Dezember 1879. 160 Pfund schwer. Dieser höchst seltsam entwickelte kleine Coloß, wurde seit 16 Monaten bereits überall mit Staunen gesehen und bewundert, da sie in Wirklichkeit zur größten Sehenswürdigkeit gehört. Sie ist eine liebenswürdige Erscheinung mit großartiger Körperfülle und anmuthig in ihrem Auftreten, weshalb sie überall der Liebling der Besucher gewesen, und hoffen wir deshalb auch hier Beifall zu erhalten. Julia, erst 5 Jahre alt, wird sich geistig sehr entwickelt zeigen und sich zum Schluß in 7 Sprachen (…) empfehlen."

Zur Steigerung der Sensationslust griffen Aussteller zum Mittel des Gegensatzes: Um die Größe einer Person zu unterstreichen, wurde ihm oder ihr eine kleine Person zur Seite gestellt – und umgekehrt. Mitte der 1880er Jahre vermeldet ein Unternehmer Friedrich Beck mit einem in München gedruckten Aufruf angeblich aufregendes (Abbildung 9):

> *„Kommt, sehet und staunet! Zum ersten Male hier! Das grösste Naturwunder! Die größten Contraste der Menschheit sich präsentirend in den größten und kleinsten Menschen unserer Zeit: Mr Grebino. Der Riese Tscherkesse. 18 Jahre alt und schon 2 m 15 cm groß. (…) Der weltberühmte Zwerg-Deklamator. Liliputaner von Geburt, gen. Prinz Unoza, 70 cm hoch, 30 Pfund schwer.“*

Abbildung 9 (Abdruck mit freundlicher Genehmigung des Antiquariats Uwe Turszynski, München)

Beliebt war auch der Hinweis, dass die Ausgestellten aus entfernten Regionen stammen. Im 19. Jahrhundert verging kaum eine Leipziger Messe ohne das Ausstellen von auffälligen Menschen zur Volksbelustigung. Ein Johann Mürner präsentierte wiederholt eine große Frau aus der Schweiz als „weiblichen Koloß" (nur aus den Konzessionsakten geht ihr Name Cornelia Bobner hervor) mit der Ankündigung: Sie sei 21 Jahre alt, über 6 Schuh groß und wiege 300 Pfund. „Überdies vereinigt unsere Schweizerin mit einer angenehmen Gesichtsbildung einen sehr sanften Charakter, und jenen natürlichen Witz, der den Gebirgsvölkern so vorzüglich eigen ist" (Klunkert 2010, 188). Ebenso häufig mussten sich dickleibige Menschen wie das Geschwisterpaar Hulda und Wilhelm präsentieren (Abbildung 10). Wie bei diesen beiden ist in der Regel über die Abgebildeten wenig bekannt.

Abbildung 10
(Abdruck mit freundlicher Genehmigung des Antiquariats Uwe Turszynski, München)

Ähnlich wie die Narren wurden an etlichen europäischen Höfen kleinwüchsige Menschen zur Unterhaltung gehalten, nachweisbar bis in das 19. Jahrhundert. Sie dienten als ‚Anziehpuppen', ‚Spielzeug' und zum Zeitvertreib. Ihre Hauptaufgabe war das Amüsement der höfischen Gesellschaften. So soll es ein beliebter Scherz gewesen sein, sie in große Pasteten einzubacken, aus denen sie nach dem Servieren heraussprangen und auf dem Tisch herumtanzten. Um für Nachwuchs zu sorgen, wurden ‚Zwergenhochzeiten' inszeniert und gefeiert. Eine dieser seltsamen Vergnügungen des Publikums hielt ein Anwesender fest: „Was nun vor wunderliche Capriolen, Grimacen und Posituren, so wohl beym Tantzen als beym Tische zu sehen gewesen, solches kann man sich leicht einbilden, wie sie denn allen hohen und vornehmen Hochzeitsgästen, insbesondere Ihro Majestät, viele Kurtzweile machten und zum Lachen bewogen. Indem unter diesen 72 Zwergen so vielerley Arten und wunderliche Posituren waren, daß man sie ohne Lachen nicht wohl ansehen konnte" (zit.in Gottwald 2009, 119). Am Hof der russischen Zarenfamilie war der ‚Zwergenweitwurf' ein beliebtes Vergnügen, eine Posse, die sich international ausbreitete (und im Jahr 2002 von der Menschenrechtskonvention der Vereinten Nationen als mit der Menschenwürde nicht vereinbar bewertet wurde).

Nachdem an den Höfen das Interesse an derartigen Belustigungen gesunken war, versuchten kleinwüchsige Menschen auf Jahrmärkten und Veranstaltungen ihren Lebensunterhalt zu verdienen. Nur selten gelangten sie in eine arrivierte Position. Das Pariser ‚Journal für Luxus und Mode' berichtet 1788 von einem kleinen Mann, er sei Liebling und Spielzeug der Pariser Damen, die sich mit ihm amüsierten. Betont wurde, dass er mit „so vielen ausgezeichneten Talenten und der Zwergheit noch dazu" (zit. in ebd., 145) ausgestattet sei. Ganz im Sinne der Heuchelei hielt die bürgerliche Welt spezielle Formen der Erniedrigung für auffallend kleine Frauen und Männer parat. Eindrücklich und realitätsnah schildert das 1924 veröffentlichte Jugendbuch „Ulle, der Zwerg" von Vicky Baum die Zustände: Der kleinwüchsige Ulrich Moog, Ulle genannt, wurde von seiner Mutter für ein paar neue Kleidungsstücke an einen Schausteller verkauft. Er fand keine Freunde, der Lehrer schickte ihn wieder nach Hause, weil er noch zu klein sei. Wenn er seinen betrunkenen Vater aus dem Wirtshaus holte, stellten ihn die Gäste unter Gelächter auf den Tisch, „wie einen Gegenstand, einen Krug, eine gefühllose Suppenschüssel" und im Gottesdienst erregte er „einen Aufstand, einen wahren Wirbel von Bedauern, Mitleid und unzart geäußerter Nächstenliebe rund um den verbissen leidenden Ulle", den Medizinstudierenden wurde er im Hörsaal präsentiert „und tausend Augen schauen her, und ein Vollbart spricht mit Trompetenstimme unbegreifliche Dinge, und zeigt und ladet alle ein, herunterzukommen und den Fall genau zu besehen, zu betasten, sich zu merken" (zit. in Richlick 2002, 154). Er musste sich zum Broterwerb als kleinster Zwerg der Welt in ‚Savarinis Wanderschau' verkaufen, bevor ihn ein Zirkus als Clown engagierte. Aber auch im neuen Umfeld mit einem bürgerlichen Freundeskreis erlebte Ulle Spott und Ausgrenzung. Die Frau seines Freundes sah in ihm ein lustiges Spielzeug und setzte ihn zwischen ihre Puppen. Ulle wurde der Lächerlichkeit preisgegeben (vgl. Sierck 2021, 26).

Tatsächlich entdeckte die Medizin im 19. Jahrhundert ihr Forschungsinteresse an kleinen Menschen, gleichzeitig engagierten die Zirkusmanager sie als eine weitere Attraktion. Sie kamen als Clown, Musiker und Artist unter oder wurden wegen ihrer geringen Körpergröße als Sensation angekündigt und – wie im

Abbildung 11 (Postkarten, Privatbesitz Udo Sierck)

Zirkus Krone – ausgestellt (Abbildung 11). Die Steigerung dieser Zurschaustellung bildeten die sogenannten ‚Liliputanerstädte', die sich vor 120 Jahren auch in Deutschland etablierten – bezeichnenderweise befand sich der erste Standort im Berliner Zoo.

Seit 1931 zog der Zirkus „Schäfers Märchenstadt Liliput" durch Deutschland. Fast fünfzig kleingewachsene Frauen und Männer ließen sich bei Bodenakrobatik, Fahrradnummern, Dressurreiten oder beim Musizieren bestaunen. Das Unternehmen reiste mit einem eigenen Dorf transportabler kleiner Häuschen von Ort zu Ort, das Publikum durfte seine ungezügelte Neugierde mit einem Blick in die Wohn- und Schlafräume der Künstler und Künstlerinnen stillen. Postkarten-Serien warben für die Attraktion (Abbildung 12). Ein Sonderstempel des Postamtes der so

Abbildung 12 (Postkarten, Privatbesitz Udo Sierck)

titulierten „Zwergenstadt“ auf abgegebenen Briefsendungen weist zwischen 1934 und 1943 mit 110 verschiedenen Ortsbezeichnungen Auftritte nach. Offenbar war im nationalsozialistischen Regime der ausgerufene „Kampf dem Krüppeltum“ mit der Sensationslust vereinbar. Zur Begründung findet sich für das Volksfest in Bremen die Notiz:

> *„Die 1934 geplante offizielle Eröffnung des ersten Freimarktes auf der Bürgerweide durch den NS-Wirtschaftsminister unterblieb, weil der Senator die von einem Akademiker vorbereitete Rede ablehnte. Schaustellungen, die angeblich das ‚gesunde Volksempfinden‘ verletzten oder den ‚Bestrebungen des nationalsozialistischen Staates‘ widersprachen, erhielten nach 1933 keine Zulassung mehr. Riesen, Liliputaner und Zwerge wurden hingegen weiterhin geduldet, weil sie als Bestandteil der deutschen Märchen- und Sagenwelt galten“ (König 2011, 85). Entsprechend war die „Zwergenstadt“ auch auf dem Bremer Freimarkt Stammgast, noch im Jahr 1968 ist dort ein Gastspiel von Schäfers Zirkus dokumentiert (Helthey 2017, o.S.).*

Wie die Zirkusangestellten die Situation als drollige Figuren begafft zu werden bewältigten, ist nur zu erahnen (Abbildung 13). Der Soziologe Erving Goffman schreibt in seinem Buch „Stigma“ über eine Frau: Sie „war sehr klein, ungefähr vier Fuß groß, und sie war außerordentlich gebildet. Vor Leuten jedoch achtete sie sehr sorgfältig darauf, nichts anderes als ‚die Zwergin' zu sein, und sie spielte die Rolle des Narren mit dem gleichen spöttischen Gelächter und den gleichen schnellen komischen Bewegungen, die schon je, seit den Könighöfen des Mittelalters, die Charakteristika der Narren gewesen sind. Nur wenn sie unter Freunden war, konnte sie ihre Kappe und ihre Schellen fortwerfen und es wagen, die Frau zu sein, die sie wirklich war: intelligent, traurig und sehr einsam" (Goffman 2014, 138). Der Spielfilm „Das Löwenmädchen" zeichnet die Biografie einer Frau nach, deren Gesicht und Körper seit der Geburt mit goldgelben Haaren bedeckt ist. Um ihre angestrebte Karriere als mathematisches Genie zu finanzieren, heuert sie freiwillig in einer Freakshow an. Nur spärlich bekleidet betritt sie jeden Abend die Bühne, das Publikum johlt und klatscht wie von

Abbildung 13 (Postkarten, Privatbesitz Udo Sierck)

Sinnen. Die Hauptdarstellerin fragt nach etlichen Wochen die Kollegin – eine schon lange in dem Varieté beschäftigte sehr kleine Frau –, ab wann solche erniedrigenden Auftritte für das Innerste egal seien. „Nie!“ lautete die Antwort.

Die Umkehrung der Faszination funktioniert nicht. Als in dem Film „Freaks“ sich die behinderten Mitglieder eines Wanderzirkus verbünden und sich an der schönen Trapezkünstlerin samt ihrem kraftstrotzenden Freund für deren Hinterhältigkeit rächen und sie ebenfalls zu Krüppeln machen, hielt das Publikum das nicht aus. Der Film, 1932 als Horrorfilm konzipiert, wurde an der Kinokasse zum Flop. Der genüsslich prickelnde Anblick ungewöhnlicher Körper war mit dem eigenständigen Handeln der Freaks nicht vereinbar. Ebenfalls beunruhigend, dass das Schöne und Starke das Nachsehen hatten. Eine ähnliche Wirkung erzielten zwei Hauptdarsteller des Freaks-Streifens in einer Varieté-Nummer: Auf der Bühne wurde ein Mann aus dem Publikum in eine Kiste gelegt und anscheinend in der Mitte zersägt. Wie erwartet tauchte er komplett wieder auf und ging auf seinen Platz zurück. Doch zum Entsetzen aller begann sich plötzlich der Oberkörper in die eine, der Unterkörper in die andere Richtung zu bewegen – der kleingewachsene Schausteller hatte auf den Schultern seinen beinlosen Kollegen getragen und so imaginär eine Person gebildet, die sich in der Realität wieder auflöste. Im Publikum kam es zu Ohnmachtsanfällen und zum fluchtartigen Verlassen des Varietés. Die Darbietung wurde nicht wiederholt, sie blieb einmalig.

Biografien: Freaks-Show als (selbst-)gewählter Beruf

Menschen „von außergewöhnlicher Körpergestalt" wurden meistens von Unterhaltungsunternehmen zu Schau gestellt. Aber nicht „wenige ‚Körpersensationen' sind wahrscheinlich im Erwachsenenalter auf eigene Initiative aufgetreten. In wieweit man diese Entscheidung als eine wirklich freiwillige charakterisieren kann, ist zweifelhaft" (Schmidt 2017, 314f.). Es ist vielmehr davon auszugehen, dass es so gut wie keine Alternativen zum Lebensunterhalt gab. Doch zu Beginn des 18. Jahrhunderts machte sich ein Zeitgenosse Gedanken, wie körperbehinderte Personen mit staatlicher Unterstützung zur geregelten Arbeit zu bringen seien, denn man „hat ja die Exempel derer im Lande zum Spectacul herumziehenden Krüpel, die mit den Füssen Gewehr laden und loß schiessen, schreiben und anders verrichten, darüber man sich verwundert, wie sollte denn unmöglich seyn, eine Maschine zur Arbeit mit denen Füssen tractiren zu können? (...) was Gott und die Natur in einem Stück versagt zu haben scheinen, haben sie in andern Sachen reichlich ersetzt, und wird meistentheils bey einem gebrechlichen Leibe ein sonderbarer Verstand und kluges Nachdencken auff ein oder andere Profession gefunden" (Rohr 1718, 1330ff.).

Aus diesen Zeilen geht hervor, dass nicht nur vereinzelt Krüppel eigene Überlebensstrategien entwickelt haben und eine gewisse Bildung besaßen. Ob ihre Existenzgrundlage, die neugierig begaffte Sensation auf Jahrmärkten abzugeben, subjektiv als erniedrigend und demütigend empfunden wurde, muss dahingestellt bleiben. Nur wenige Biografien lassen erkennen, dass diese Variante des Lebensunterhalts nicht automatisch zum vollständigen Objekt Dritter führen musste.

Ein bekanntes Beispiel ist Matthias Buchinger (1674-1740). Er war 74 Zentimeter groß und ohne Hände und Füße im fränkischen Ansbach geboren. Er erlangte Berühmtheit, weil er seine Benachteiligung in „sensationsheischende Vorteile" (Werner 2016) wandelte. Weil sein Äußeres die Zuschauer ablenkte, reiste er nach dem Tod seiner Eltern als trickreicher Zauberer durch Europa und ließ sich in England nieder. Für seine Kabinettstückchen nutzte er Karten, Würfel oder Tücher. Gepriesen wurde seine Musikalität, er spielte mit einer speziellen Konstruktion Violine und Flöte. Aber vor allem seine Zeichenkunst löste Bewunderung aus. Er machte Furore, weil er fließend Spiegelschrift schrieb und kalligraphische Fähigkeiten besaß. Dazu nutzte er eine Feder für seinen Daumen am Armstumpf. Ein zeitgenössisches Manuskript beschreibt eine seiner Vorstellungen, wobei zunächst sein Körper im Mittelpunkt steht (Abbildung 14):

Dieser „außergewöhnliche Mensch war ein Deutscher & wenig mehr als der Rumpf eines Mannes, ein Körper nur mit Kopf und Oberarmen, und an dem einen Ellenbogen hatte er einen Auswuchs, der gewisse Ähnlichkeiten mit einem Daumen hatte. Der untere Teil seines Leibes steckte in einer Art Gehäuse aus festem Leder, & er drehte sich mit beträchtlicher Behendigkeit über den Boden, indem er die eine Seite etwas anhob & sich auf der anderen drehte wie ein Schwenkzapfen. Zu seinen Vorstellungen gehörte außer

Abbildung 14 (wellcomeimages.org)

Schreiben (...) auch Zeichnen, ebenfalls mit einer Feder. Eine seiner Arbeiten stellte den Kopf von König Charles mit einer buschigen Perücke dar, in deren Locken ein Teil der Bibel geschrieben war (...), mit dem bloßen Auge nicht zu lesen, mit Hilfe eines Vergrößerungsglases jedoch deutlich zu unterscheiden. (...) Er spielte eine gewöhnliche Flöte, die in einer Kiste mit Klappen steckte, damit er die außen gelegenen Tonlöcher und Tasten abdecken konnte, die er mit seinen Stummeln betätigte, während er mit dem Mund blies. Er würfelte mit einem ganz gewöhnlichen Becher, spielte Karten und kegelte, wobei er mit der Kugel jeden beliebigen Kegel auf eine Entfernung von etwa zehn Fuß traf" (Jay 1988, 67f.).

Buchinger war viermal verheiratet, angeblich hatte er zwanzig Kinder. Seine Berühmtheit und sein zeichnerisches Können erhielten in der Gegenwart Anerkennung: Das Metropolitan Museum in New York dokumentierte 2016 Vita und Werk Buchingers in einer Ausstellung. In einem Beitrag über den arm- und beinlosen Künstler Matthias Buchinger, der viele eigene Kinder hinterließ, stellt der Journalist amüsiert fest: Offenbar gab es doch noch ein Glied, das hervorragend funktionierte (Werner 2016).

Vergleichbare Berühmtheit als selbständiger Schausteller erreichte Carl Herrmann Unthan. Unthan wurde am 5. April 1848 im ostpreußischen Sommerfeld ohne Arme geboren. Seine Eltern ermunterten ihn, die alltäglichen Notwendigkeiten selbst auszuführen und zu erledigen. Im Alter von zwölf Jahren band er eine Geige auf einen Stuhl fest und begann mit dem Bogen zwischen den Zehen zu spielen. Das war der Beginn seiner internationalen Karriere, „Unthan, der Paganini der Füße" hieß es bald, wenn er in Varietés und Konzertsälen auftrat (Abbildung 15). Das illustrierte Familienblatt „Die Gartenlaube" entdeckte bei

Hermann Unthan.
Nach einer im Besitz der Gartenlaube befindlichen Originalphotographie.

Abbildung 15: Die Gartenlaube, 1868, Nr.28
(Privatbesitz Udo Sierck)

dem Zwanzigjährigen ein „liebevolles, kindliches Gemüth", jedoch müsse „man wohl zugeben, ein Phänomen der seltsamsten Art vor sich zu haben". Er „ist glücklich durch den Gedanken, sich selbst geholfen, die scheinbare Hilflosigkeit, mit welcher er auf die Welt gekommen, vollständig überwunden zu haben. Den Mangel an Armen empfindet er nicht, denn er hat sie nie besessen. Seine Beine sind seine Arme, seine Füße sind seine Hände, seine Zehen sind seine Finger, und damit vollbringt er Alles". Er „kleidet sich selbst an und aus, er wäscht und kämmt sich, er speist und trinkt. Seht ihn, wenn er in Gesellschaft seine Zigarre anbrennt, in den Mund bringt, dann seine Tasse Kaffee behaglich dazu schlürft, und ihr müßt recht aufpassen, wenn ihr bemerken sollt, daß er das Alles nicht mit den Armen, sondern mit den Beinen thut" (Lobe 1868, 437f.).

Doch Unthan musste enttäuscht feststellen, dass das Publikum weniger seine musikalischen Fähigkeiten bewunderte, sondern vielmehr die Faszination anzog, einen füßespielenden Musiker beobachten zu können. Als Reaktion auf diese Missachtung ergänzte er seine Auftritte mit Kunststücken, so präsentierte er sich als zielsicherer Meisterschütze mit dem Gewehr. Auf einem Plakat vom Zirkus Busch hieß es dazu: „Unthan – Das armlose Wunder". Ein Programmzettel versprach dem Publikum für einen Auftritt Unthans in London: Er wird ihre Hände schütteln, ein Glas Wein anbieten, eine Zigarette drehen, Karten spielen, die Violine spielen, das Kornett blasen und mit einem Schuss das Herz auf der Herz-Ass-Karte treffen. Auch „Unthan wurde ein Opfer der Machenschaften skrupelloser Manager und Agenten“ (Jay 1988, 84).

Diese Erfahrungen ließen ihn nicht resignieren. Nach dem Ersten Weltkrieg ermunterte er die behinderten Menschen, ihre Geschicke in die eigenen Hände bzw. Füße zu nehmen und nicht auf die Krüppelfürsorge zu setzen. Auf der Rückseite von Unthans Autobiografie stehen die pathetischen Sätze: „Die mit den Füßen geschriebene Darstellung eines 75jährigen Lebens voll Kampf und Sieg. Die Entwicklungsgeschichte eines armlos geborenen, naturhaften, willensstarken, trotzigen, lebensfrohen Mannes voller Seelentiefe, Religiosität und Menschenliebe. Stärkstes Erleben, lächelnder Humor, abgeklärteste Lebensweisheit“ (Unthan 1925). Unthan starb 1929.

Ähnliche Bekanntheit wie Unthan erreichte Nikolai Kobelkoff (Abbildung 16). Er wurde 1851 südlich des Uralgebirges als Sohn eines Kosaken geboren. Ohne Gliedmaßen zur Welt gekommen, entwickelte das Kind eine große Geschicklichkeit, um deren Fehlen zu kompensieren. So vermochte er sich selbst anzukleiden, zu essen und zu trinken oder mit einer Feder, eingeklemmt zwischen Wange und Armstumpf, zu schreiben. Außerdem konnte er zeichnen, schießen und beherrschte eine Reihe verschiedener Kunststücke. Kobelkoff besuchte erfolgreich eine Schule in

Abbildung 16 (Postkarten, Privatbesitz Udo Sierck)

Minsk und begann mit 18 Jahren in einem Goldbergwerk als Rechnungsgehilfe zu arbeiten. 1870 erstmals auf ein Engagement auf einer Bühne angesprochen, ging er auf Wanderschaft und trat vor Publikum in Russland und schließlich in ganz Europa auf. Bei einem Auftritt im Wiener Prater lernte er die aus einer Schaustellerfamilie stammende Anna Wilfert kennen. Da er keine Zustimmung eines orthodoxen Priesters erhalten hatte, nahm er für die Heirat den evangelischen Glauben seiner Frau an. Er war sich nicht zu schade, seine körperliche Konstitution als Attraktion zu nutzen. So hatte er keine Scheu, als Protagonist in dem im Jahr 1900 gedrehten Kurzfilm „Der Rumpfmensch" aufzutreten, in dem er mit seinen Armstummeln schreibt, Gewichte hebt und einem imaginären Publikum Handküsse zuwirft.

Gemeinsam mit der immer größer werdenden Familie – das Paar hatte elf Kinder – nahm er als „Rumpfmensch" mit akrobatischen Einlagen seine internationalen Reisen wieder auf. Kobelkoff kehrte aber immer wieder in den Prater zurück, um auf heimischen Schaubühnen zu gastieren. 1901 kaufte der Schausteller auf dem Prater eine Parzelle und errichtete eigene Vergnügungsstätten. Nach und nach vergrößerte er das Familienunternehmen mit Karussells und einem Rutschturm für Kinder. Er starb 1933 an Altersschwäche, nach ihm sind heute Straßen im Prater benannt (vgl. geschichte.wiki.wien 2023, o.S.).

In München wurde 1870 ein Werbezettel für den Auftritt eines angeblichen Weltwunders verteilt. Marktschreierisch hieß es:

> *„Auf dem Karlsplatze. Nie gehörtes! Noch nie gesehenes! Die weltberühmte Mundkünstlerin. Alle bis jetzt gesehenen merkwürdigen Naturwunder werden übertroffen durch die einzig in der Welt dastehende Mundkünstlerin, welche die Ehre haben wird, ihre Produktion das erste Mal in München zu zeigen. Es gibt Personen, welche ohne Arme geboren, mit den Füßen verschiedene Arbeiten verrichten, daß aber eine Person, welche Hände und Arme von Geburt aus mangeln, durch Verrichtung mit dem Munde eine der geschicktesten Näherin und Stickerin werden kann, ist bis jetzt noch in keinen sterblichen Kopf gedrungen. Man macht sich keinen Begriff davon", wie sie*

„die zierlichsten und feinsten Handarbeiten mit Lippen, Zähnen und Zunge anfertigt, also nicht mit den Füßen wie oft schon gesehen. Dieselbe kann Nähen, Sticken, Häckeln, Weißstickerei, Perlarbeiten, Woll- und Seidenarbeiten, Steppen, Schlingen, sogar die schwierigsten Muster mit der Scheere im Munde ausschneiden, die feinste Nadel einfädeln und den Knopf mit der Zunge machen". Es folgt der Hinweis, dass die Künstlerin bereits vor königlichen Majestäten und Fürsten ihr Geschick präsentieren durfte. Der Eintritt sei für Taubstumme und Waisenkinder frei. „Ausführliche Lebensbeschreibungen sind an der Kassa um 3 Kreuzer zu haben."

Abbildung 17 (homepage Stadt Irchwitz)

Bei der so angekündigten Mundkünstlerin dürfte es sich um Gottliebe Bennona Schröder (1849 bis 1918) handeln (Abbildung 17). Die Künstlerin kam ohne Arme und Beine zur Welt. In Irchwitz in Thüringen geboren rieten Freunde den entsetzten Eltern, sie schmerzlos zu töten, aber der Landarzt weigerte sich. Es heißt, aus Mitleid mit dem Vater, einem Tischler, erhielt dieser viele Aufträge und kam so zu bescheidenem Wohlstand. Gottliebe B. Schröder besuchte die

Schule – Schüler aus der Nachbarschaft zogen sie im Holzwagen oder trugen sie Huckepack dorthin. Zum Ausgleich, so die Erzählung, erledigte Schröder für sie die eine oder andere komplizierte Hausaufgabe, dabei schrieb sie mit einem Griffel zwischen Schulter und Kinn. Hatten Mütter keine Zeit, brachten sie ihre Kleinkinder zu Schröder, die sie mit Gesang in den Schlaf wiegte. Was nach Akzeptanz in der Gemeinde aussieht, ist mit Vorsicht zu bewerten: Noch Jahre später schrieb ein Oberlehrer von der „absonderlichsten Missgeburt" unserer Heimat.

Gottliebe Schröder lernte früh mit dem Mund zu nähen und zu sticken. Mit 17 Jahren wurde sie ob dieser Fähigkeit von einem Schausteller entdeckt. Für ihn war sie ein Profit bringendes Objekt seines Programms. Aber Schröder sah hier die Gelegenheit, sich von der Familie zu lösen und ihren Lebensunterhalt selbst zu verdienen. Bis in die 1890er Jahre trat sie auf Jahrmärkten, Messen und anderen Veranstaltungen in Deutschland und angrenzenden Ländern auf. Nachdem sie über den letzten Schausteller klagte, „er habe sie aufs ärgste betrogen", kehrte sie zu ihren Schwestern zurück. Dieser Schritt ist ein Indiz dafür, dass sie ihre Handlungsfreiheit im Schaustellergeschäft bewahren konnte. In ein Poesiealbum schrieb sie im Jahr 1916 Zeilen, die sie wohl selbst kennzeichnen: „Im Glück nicht jubeln und im Sturm nicht zagen; Das Unvermeidliche mit Würde tragen; Das Böse hassen und am Schönen sich erfreu'n; Das

Leben lieben und den Tod nicht scheu'n; An Gott und die Zukunft glauben: Heißt Leben, heißt dem Tode steht's sein Bitteres rauben".

In der Nähe Warschaus kam Weihnachten 1890 Stefan Bibrowski zur Welt. Er wurde als ,Lionel der Löwenmensch' bekannt. Denn seit seiner Geburt entwickelte sich bei Bibrowski starker Haarwuchs. Schon mit vier Jahren holte ihn der Schauunternehmer Carl Sedlmayer auf der Suche nach neuen Sensationen nach Württemberg, ermöglichte ihm den Schulbesuch, um ihn dann der Berliner *Anthropologischen Gesellschaft* unter Professor Rudolf Virchow vorzustellen, der sogenannte menschliche Abnormitäten sammelte. Bibrowski war am ganzen Körper mit goldgelben Haaren bedeckt. Sedlmayer zog mit seinen Schützling in die USA, wo dieser beim Zirkus *Barnum & Bailey* als ,Löwenmensch' über Jahre für Furore sorgte. Dieser Zirkus hatte sich auf Körpersensationen spezialisiert: Neben „Lionel" traten auf der „armlose Wundermann", ein „Hindu mit doppelten Körper", der „Albino" oder der „Mann mit der dehnbaren Haut" (Abbildungen 18 und 19). Nach Deutschland zurückgekehrt und offenbar immer mit einem Manager an seiner Seite, stellte Bibrowski sich auf Jahrmärkten und Volksfesten wie dem Münchener Oktoberfest, der Dresdner Vogelwiese oder dem Oldenburger Kramermarkt zur Schau. Er starb 1930 während einer Tournee in Italien am Herzversagen. Über ihn heißt es: „Trotz seiner Bemühungen wollte ihn keine Frau heiraten" (Ramus 2022, o.S.). Die Fantasien beflügelt er aber offenbar nachhaltig:

Abbildung 18 (Postkarten, Privatbesitz Udo Sierck)

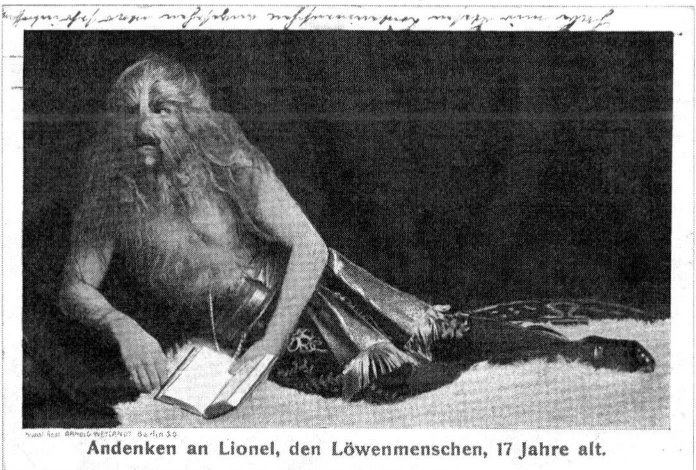

Abbildung 19 (Postkarten, Privatbesitz Udo Sierck)

Gut neunzig Jahre nach seinem Tod erscheint über sein Leben das Buch „Lionel der Löwenmensch", verpackt als Erotik-Thriller.

Über die Schwierigkeit und die Widersprüche, sich positiv auf die Geschichte behinderter Menschen zu beziehen, schreibt der Schriftsteller Eli Clare: „Das Wort Freak ist für mich außerdem von der schwierigen kollektiven Geschichte der Freak-Shows überschattet. Mir gefällt die Vorstellung, dass Menschen einst Vorteile aus der Schaulust von Weißen und Nichtbehinderten gezogen haben, dass Behinderte Geld dafür bekamen, ihre Behinderung auszustellen und zu übertreiben. Andererseits hasse ich die Art und Weise, wie Freak-Shows die Lügen über Behinderte" verstärkten. Clare stellt sich die Frage: „Verleugnen Behinderte, wenn sie sich heute als Freaks bezeichnen, diesen Teil der Geschichte? Indem man sie nur als Widerstandsgeschichte erzählt, wird an die Hilton Sisters oder an das behinderte Mädchen erinnert, dass während der Vorstellungen das Publikum beschimpfte. Was ist mit den anderen? Was ist mit Maximo und Barthola, den geistig behinderten Zwillingen, die als Kinder entführt und als Barbaren nackt zur Schau gestellt" wurden? Wenn „wir uns Freaks nennen, vergessen wir dann den Teil der Geschichte, der Erinnerung und nicht Stolz verlangt" (Clare 1999, o.S.)?

Gesundheitsideologie und ‚Euthanasie' im Namen der Schönheit

Parallel zur Hochkonjunktur der florierenden Freakshows machten sich gegen Ende des 19. Jahrhunderts moderne Naturwissenschaftler Gedanken darüber, wie Körper mit Einschränkungen frühzeitig zu eliminieren seien. Nach „Beginn der Schwangerschaft wird die junge Mutter als eine höchst wichtige Persönlichkeit betrachtet, man gewährt ihr alle möglichen Mittel für ihr eigenes und das Gedeihen ihrer Leibesfrucht sowie für den ungestörten Ablauf der normalen Geburt. Stellt es sich trotzdem heraus, dass das Neugeborene ein schwächliches oder missgestaltetes Kind ist, so wird ihm von dem Ärzte-Collegium, das über den Bürgerbrief der Gesellschaft entscheidet, ein sanfter Tod bereitet, sagen wir durch eine kleine Dose Morphium." Die Eltern „überlassen sich nicht lange rebellischen Gefühlen, sondern versuchen frisch und fröhlich ein zweites Mal" (zit. in Sierck 1990, 50). Diese Sätze niedergeschrieben hat 1895 Alfred Ploetz, seinerzeit Anhänger eines utopischen Sozialismus, bevor er zu einem der Führer der deutschen sozial- und rassehygienischen Bewegung avancierte, der die Menschheit durch gezielte Selektionsmaßnahmen verbessern wollte. Ploetz ging wegen der Sozialistengesetze des Kaiserreichs in die Schweiz, wo er seinen engen Kontakt mit dem Literaten Gerhard Hauptmann und August Bebel, dem Gründer der Sozialdemokratischen Arbeiterpartei, pflegte. Wie Ploetz hing die Mehrheit der internationalen Gemeinde der Genetiker sozialreformerischen Kreisen an. Ihr Ziel war es, die „Natur des Menschen edler, fähiger, harmonischer, mitfühlender, glücklicher und schöner zu machen" (ebd., 51).

Über das neue Menschenbild des Nationalsozialismus hieß es in einer Selbstdarstellung: „Wahre Schönheit ist nichts anderes als leib-seelische Gesundheit. Schönheit ist Kraft, ist Anmut und Natürlichkeit, ist Reinheit, ist Sauberkeit des Körpers" (Haug 1986, 147). Bei der Berücksichtigung der alltäglichen normalisierenden Verhaltens- und Sichtweisen wird die massenbewegende Resonanz der nationalsozialistischen Politik und ihrer Parolen erklärbar. Zu ihr gehörte wie bereits in der Turnerschaft des 19. Jahrhunderts die Idealisierungen des gesunden Geistes im gesunden Körper. Schönheit und Gesundheit waren miteinander verbunden und bestimmten die Macht der Normalität. Hässlichkeit als Gegenbild zum Schönen fasste Negatives zusammen und diente der Disqualifikation von Krankheit, Behinderung und bestimmten Verhaltensweisen.

Die Nationalsozialisten bemühten sich auch um das Potential der Naturheilkundebewegung, deren Anhänger und Anhängerinnen in den zwanziger und dreißiger Jahren auf mehrere Millionen Menschen geschätzt wurden. Ausgehend von den industriellen Ballungszentren war ein großer Teil der Naturheilkundebewegung Anfang des letzten Jahrhunderts eher eine Selbsthilfebewegung der Arbeiterschaft, die politische Forderungen mit denen nach Licht, Luft, Sonne und Erde verbanden. Dabei war die Frühzeit des Arbeitersports geprägt von einem Körperkult, der auf jugendliche Männlichkeit setzte und damit kranke, behinderte oder alte Menschen ausgrenzte.

Der propagierte ‚Wille zur Gesundheit' wurde ab 1933 gezielt aufgegriffen und sollte die allgemeine Pflicht zum gesunden Körper durchsetzen helfen. Die Funktionalisierung der Naturheilkunde fiel leicht. Denn trotz großer Unterschiede in den Krankheitsauffassungen gingen die naturheilkundlichen Lehren von einer inneren, konstitutionellen Schwäche aus. Auf dieser Basis entwarf Arnold Gehlen, ein in Nazideutschland und in der jungen Bundesrepublik gleichermaßen geschätzter Anthropologe, ein Normbild des Menschen. Demnach müssen Frauen und Männer kämpfen gegen ihre Mitmenschen oder gegen sich, sie seien „für ein solches Leben geschaffen, so wie der Magen dafür geschaffen ist, dass er Speisen verdaue" (Haug 1986, 120f.). Signalisiert wurde mit dieser biologistischen Sichtweise, dass die Einzelnen für den Zustand ihres Körpers verantwortlich sind. Gesundheit als ein entscheidender Wert war allerdings keine Erfindung des NS-Regimes. Denn die „Institutionen, Diskurse, auf denen die nazistischen Ausrottungspolitiken aufbauen, aus denen sie bei den veränderten politischen Strukturen wie mit verselbständigter Eigendynamik zu resultieren scheinen, sind vor der Machteinsetzung fertig." Es geschah alles andere „als ein bloßer Einbruch von außen in die bürgerliche Gesellschaft und ihre Institutionen", es war „der Ernst ihrer Normalität" (ebd., 18). Doch die angestrebten Ideale eines prächtigen Körpers ließen sich nicht per Verwaltungsakt anordnen. An der Einübung dieser Vorstellungen beteiligten sich Medizin, Psychiatrie, Pädagogik oder Sport.

Der Verhaltensforscher Konrad Lorenz, populär geworden durch seine Versuche mit Graugänsen, behauptete 1943 in einem Aufsatz, Schönheit sei auch ein angeborenes Auslesemuster bei der Gattenwahl: In den „aristokratisch sich isolierenden Gesellschaftsschichten" seien die „Wesen noch schlanker, sehniger, schneidiger." Doch Gefahr für die „Höherwertigen" drohe wegen „der beträchtlichen Verbreitung von Ausfalltypen innerhalb moderner Großstadtbevölkerungen", die nur „als Schmarotzer an vollwertigen Artgenossen lebensfähig sind." Hier müsse gehandelt werden, wie der Chirurg beim Krebsgeschwür vorgeht, „der bewusst lieber gesundes Gewebe entfernt als krankes stehen lässt." Die „biologische Leistung" des Schönfindens menschlicher Körper „ist also die eines Richters, der zwischen gut und böse, zwischen gesund und krank zu entscheiden hat." Das war der „wissenschaftliche Beitrag von Konrad Lorenz zum Mord im Namen der Schönheit" (ebd., 151f.).

Unter dem nationalsozialistischen Regime enthielt die Zuschreibung vermeintlicher Hässlichkeit die Bedrohung der Tötung. Noch 1944 planten Generalstaatsanwalt und Justizministerium die Einrichtung eines Museums „äußerlich asozialer Gefangener. Bei verschiedenen Besuchen in den Vollzugsanstalten fallen immer Gefangene auf, die durch ihre körperliche Gestaltung den Namen Mensch gar nicht mehr verdienen; sie sehen aus wie Missgeburten der Hölle. Die Vorlage von Lichtbildern dieser Gefangenen ist erwünscht. Es wird erwogen, auch diese Gefangenen auszuschalten. Straftat und Strafdauer spielen keine Rolle“ (Klee 1983, 360). Bei den Mordaktionen gegen weibliche und männliche Anstaltsinsassen kam es vor, dass behinderte oder kranke Personen für Filmaufnahmen vorläufig am Leben gelassen wurden. Ein Exposé für den Propagandastreifen „Dasein ohne Leben“ sah vor: Die „krassesten und eindrucksvollsten Typen so z.B. idiotische und verwachsene Kinder“ und „völlig stumpfe Typen neben Schönheiten des Gartens, der Kunst usw.“ (ebd., 344). Solche Filme sollten mit Hilfe der Gegenüberstellung von schön und hässlich der Bevölkerung das Urteil über angeblich unwertes Leben einprägen.

Als ein grundlegender Mechanismus der Macht beinhaltet (Sozial-)Rassismus, Gruppen der Bevölkerung gegeneinander zu differenzieren, eine Beziehung biologischen Typs zu errichten. Basis dieses Machtverhältnisses ist die Überzeugung, dass der

„Tod des anderen, der Tod der schlechten Rasse, der minderwertigen Rasse (oder des Degenerierten oder des Anormalen)“ das Leben „im allgemeinen gesünder und reiner machen.“ Im System dieser Bio-Macht ist der (Sozial-)Rassismus „die Akzeptabilitätsbedingung des Tötens in einer Normalisierungsgesellschaft“ (Foucault 1992, 56). Zur politischen Macht gehört, mit den Mechanismen, den Instrumenten und Technologien der Normalisierung zu spielen, sie zu nutzen.

Der Konrad Lorenz-Schüler Irenäus Eibl-Eibesfeldt bekam durch seine in hoher Auflage publizierten populärwissenschaftlichen Bücher beim breiten Publikum in der Bundesrepublik Deutschland einen hohen Bekanntheitsgrad. Er wiederholte unter anderem die These, dass tierische Verhaltensmuster beim Menschen wiederzufinden seien. In einem Plädoyer für den Wert der Schönheit knüpfte er an die Tradition einer Ästhetik der Normalität an und legitimierte diese mit den Worten: „Schönheit ist lebensbejahend, Schönheit erfreut, ja, man kann sich an ihr ‚berauschen‘. Das Hässliche dagegen aktiviert Ablehnung, Abwehr, also agonistische Verhaltensmuster der Meidung und des Protestes; es irritiert und wird als hassenswert wahrgenommen“ (Eibl-Eibesfeld 1995, 92). Ganz in dieser Denkweise handelte der Verlag J.F. Lehmann, als er das zuerst 1941 publizierte Buch „Gattenwahl zum ehelichen Glück und erblicher Ertüchtigung“ von dem Rassenkundler Hans F.K. Günther zu Beginn der fünfziger Jahre in dritter Auflage erneut auf dem Markt brachte. Es gab bezeichnende Umformulierungen: Statt „jüdisch" hieß es jetzt „orientalisch", für „nordisch" und „teutonisch" wurde „fähig, nobel und schön" (Billig 1981, 61f.) eingesetzt.

Das ‚Monster' im Mutterleib

Die wertenden Gegensätze von intakter Natur und deren Fehlern, von gut und böse, von perfekten und hässlichen Körpern tauchen im neuen Gewand immer wieder auf. Überraschenderweise war es in den 1980er die Umwelt- und Anti-Atomkraftbewegung, die für ihren Protest diese Zusammenhänge aufgriff. So trug ein Demonstrant ein Plakat mit der Aufschrift: Wenn Dich dann im Jahr 1988 Dein missgebildeter Enkel fragt, warum Du damals nicht geholfen hast, das Projekt Gorleben zu verhindern, wirst Du dann auch wie Dein Vater antworten: Wir wussten doch damals alle nicht, wie gefährlich das alles wird (Fotografie 1982, 251). Ganz unerklärlich ist der Widerspruch zwischen aufgeklärten Handeln und Abwertung von Menschen mit Einschränkungen nicht: Es existiert(e) nämlich eine Bewegung für das gesunde Leben, die bei näherer Betrachtung behindertes Dasein wie selbstverständlich negativ bewertet und tunlichst verschwinden lassen möchte. Dieser Effekt entstand scheinbar wie nebenbei: Die Demonstration gegen das Atomkraftwerk hatte den

Platz zur Zwischenkundgebung erreicht, der Zug sammelte sich in der Nähe von Lautsprecherwagen und lauschte mehr oder weniger desinteressiert den Beiträgen. Die erste Rednerin oder der zweite Sprecher begründeten den gerechten Kampf: Wir stehen hier auch für unsere Kinder! Sie sollen keinen missgebildeten Nachwuchs bekommen!" Jawohl, Beifall brandete auf. Dem behinderten Mitdemonstranten wurde es mulmig, er stand als hässliches Elendsmuster da. Drastisch ausgedrückt hätte es heißen müssen: Passt bloß auf, dass es nicht noch mehr Krüppel gibt, wie ihr ihn dort seht."

Mit solchen Denkschablonen machte die Friedensbewegung mobil gegen Nachrüstung und Atomraketen. Ein Höhepunkt dieses phantasievollen Wirkens: ein großes Transparent mit einem Halbskelett an Krücken. Lange kursierte in Hamburg auch ein Anstecker gegen die Verschmutzung der Elbe, auf dem ein schon halb verwester Fisch an Krücken auf künftiges Absterben verwies und ein letztes Mal „Hummel Hummel!!" rief. Es fragt sich, warum zur Überzeugungsarbeit gegen die Schrecken dieser Welt das Hilfsargument der Behinderung und seiner Symbole als Bedrohung benötigt und genutzt wurde. Vielleicht ließen kaum fassbare Untergangsszenarien das ansonsten gehütete Geheimnis der Abscheu vor ‚Missbildungen' diese als noch vorstellbares ‚Übel' kennzeichnen und offenbaren. Demnach wäre es ein Trugschluss, ökologisches Denken mit humanen Denken gleichzusetzen. Denn die Liebe zur Natur beinhaltet nicht zwangsläufig die Liebe zum Menschen, sondern vielmehr die zum vitalen Menschen. Dass das eine ohne das andere geht, belegt erschütternd der liebevoll angelegte, gehegte und gepflegte Kräutergarten im Konzentrationslager Dachau (vgl. Sierck 1988, 489ff.).

Nach den Medizinverbrechen während des nationalsozialistischen Regimes konnte von staatlichen Zwangsmaßnahmen keine Rede mehr sein. Gleichzeitig sollte es in einer modernen industriellen Demokratie dem Staat aber erlaubt sein, die Fortpflanzung dort zu verhindern, wo ‚Defekte' sicher auszumachen seien. Für dieses Ziel müsse durch Medizin, Erziehung und Sozialpolitik eine psychologische und kulturelle Atmosphäre geschaffen werden, die verantwortliche Elternschaft hervorbringe. Anzustreben sei nunmehr eine ‚Eugenik von unten', ein Bewusstsein in der Bevölkerung, das die vorgeburtliche Selektion als verantwortliche und selbstverständliche Möglichkeit ansieht und in Anspruch nimmt. Immer neue medizintechnische Entwicklungen stützen diesen Prozess. Heute tragen aus dieser Perspektive manche Personen mit ihrem körperlichen (und geistigen) Sosein den Makel, nicht rechtzeitig erkannt – das heißt: selektiert – worden zu sein (vgl. Sierck/Radtke 1984).

Die Koordinierungsstelle des *Beauftragten für die Belange behinderter Menschen* in Deutschland stellte im Jahr 2013 fest: Die „Selbstverständlichkeit, mit der vorgeburtliche diagnostische Verfahren angeboten und in Anspruch genommen werden, mit denen die Existenz von Kindern mit Behinderungen vermieden werden soll, ist Ausdruck von gesellschaftlichen Lebenswerturteilen. Darin zeigt sich ihr diskriminierender Charakter“ (Positionspapier 2013, o.S.). Auf der Basis des ungebremsten Fortschrittsglaube der Gentechnologie und bioethischer Vorgaben zur Körperoptimierung wird über die Abschaffung ‚unnötigen Leids‘ ungeniert diskutiert. Es „scheint, als werde der Traum vom ‚neuen‘, ‚perfekten‘ Menschen, der in vielfältiger – oft unheilvoller – Ausformung und Dynamik der Moderne geprägt und im Dienst unterschiedlicher Ideen und Ideologien Geschichte gemacht hat, erneut geträumt – wenn auch unter völlig neuen politischen, technischen und medialen Vorzeichen“ (Staupe/Zirden 2001, 161f.). Die „heutige Normalisierungsgesellschaft zeigt sich zwar flexibel bei der Fixierung ihrer Toleranzgrenzen, konzentriert jedoch zugleich erhebliche wissenschaftliche, technische und ökonomische Ressourcen darauf, mögliche Anomalien frühzeitig aufzuspüren und zu eliminieren“ (Zirden 2003, 28).

Im April 2012 führte das Staatstheater Nürnberg das Stück „Missgeburt“ der US-amerikanischen Autorin Rachel Axler auf. Inhaltlich dreht es sich um ein Elternpaar, das die ersehnte Nachkommenschaft als flimmernden Fleck auf dem Ultraschallbild wahrnimmt, deren Freude nach der Geburt in Entsetzen umschlägt: Im Brutkasten liegt ein rosa-graues Etwas mit einem riesigen Kopf und mit nur einem in seltsamen Leuchtfarben glitzernden Auge. Aus dem Wunschkind wurde ein fremdes Wesen, ein Objekt der Medizin. Anliegen der „Missgeburt"-Aufführung war es, den Diskurs um Elternschaft, Pränataldiagnostik und Biomedizin aufzugreifen und auf die Spitze zu treiben. Die Wahl des Titels – bei Axler heißt er „smudge", was mit „Fleck" zu übersetzen wäre – ist nicht zufällig: „Missgeburt" wird noch immer assoziiert mit einem ‚Fehler der Natur', mit einem biologischen Desaster. Der Begriff, obwohl nur noch selten formuliert, bestimmt gedanklich noch immer die Diskussion um körperliche Normalität. Die ‚Missgeburt' forciert die Angst vor angeborenen Behinderungen, sie ist das „Falsche, Defekte, das (mehr als nur) ‚Anormale', das Pathologische und Hässliche – das, was man nicht haben will. Das also, auf dessen ‚Vermeidung' sich pränataldiagnostische Maßnahmen und Genforschung richten" (Helduser 2016, 9).

Den unbändigen Wunsch nach einem normalen Kind gehabt zu haben, gesteht Barbara Schmitz – sie ist Philosophin und Mutter einer ‚geistig behinderten' Tochter – ein. Ihre Erfahrung mit Genetikern auf der Suche nach einer Diagnose schildert sie stellvertretend für Eltern mit vergleichbaren Erfahrungen: Das Wort, „das sie uns nannten, hatten wir noch nie gehört." Sie gaben „uns Blätter, auf denen eine lange Liste von Merkmalen stand: Kleinwuchs, großer Kopf, sehr weiter Augenstand, kaum sichtbare Nase, verkürzte Gliedmaßen, Wirbelsäulendefekte, Skoliose, Zahnfehlstellungen." Auf der zweiten Seite „waren Bilder von anderen Kindern und Erwachsenen mit dieser Diagnose, und mein erster Gedanke war: ‚Die sehen alle aus wie kleine Monster.' Große Köpfe, schiefe Gesichter, erschreckend anders" (Schmitz 2022a, 115).

Schmitz konnte Behinderung nur als Makel denken, inzwischen sieht sie die Tochter als schöne junge Frau. Sie verweist darauf, dass es ihr letztlich nicht um Normalität ging. Denn den Satz „Du bist so herrlich normal!" würde wohl kaum jemand als großes Kompliment auffassen. Im Wunsch nach einem normalen Kind „zeige sich vielmehr die Angst vor Ausschluss, Diskriminierung, einem vagen Anderssein, das nicht verstehbar scheint" (Schmitz 2022b, 7).

4. Körperfaszinationen – von der Barbie-Puppe zur Miss Landmine

Die übliche (sonder-)pädagogische Geschichtsschreibung geht davon aus, dass ein „spezifisches Denken über den Körper“ untrennbar „mit spezifischen Praktiken verbunden“ ist und unweigerlich diesen zum Objekt macht: Der „von der Sünde befallene Körper muss gemartert oder mit Feuer gereinigt oder geläutert werden, aus dem öffentlichen Raum verbannt oder notfalls weggesperrt werden, der sich abnorm artikulierende und bewegende Körper muss geschult, beherrscht, durch Sondermaßnahmen (re-)sozialisiert, kultiviert und gebildet werden“ (Dederich 2007, 68f.). Dem ist entgegen zu halten, dass es wohl zu jeder Zeit als behindert geltende Menschen gab, die eigensinnig handelten. Das einseitige Opferbild ist nicht stimmig (vgl. Sierck 2017). Davon zeugen nicht zuletzt die wenigen historischen biografischen Kenntnisse über Frauen und Männer, die als Körpersensation ihren Lebensunterhalt verdienten.

‚Fischmensch‘, Playboy-Model und beinlose Läufer

Der ungewöhnliche Körper genügt auch in der Gegenwart freiwillig und unfreiwillig zur Sensation. Das Porträt in einer Berliner Tageszeitung über die

Menschenrechtsaktivistin und Professorin Theresia Degener erinnert an die Faszination, die das „armlose Wunder" Carl Herrmann Unthan gute hundert Jahre zuvor ausgelöst hatte. Heute liest es sich so: In einem „Seminarraum der Evangelischen Fachhochschule Bochum schließt Degener jetzt das Fenster mit dem Kinn. Dann klappt sie mit den Füßen ein Tischchen auseinander, das ihr befreundete Architekten konstruiert haben. Hier kann sie ihren Laptop abstellen, mit dem Fuß einen Stift führen, auf dem Handy tippen. Je niedriger, desto besser. Es dauert etwa zwanzig Minuten, bis man vergisst, dass Degener keine Hände hat. Dass ihr Sakko ärmellos und ihre Uhr um den Knöchel gestülpt ist, ihr Ehering am Zeh steckt. Ein paar Minuten der Verwunderung darüber, wie sie mit der Nase Knöpfe drückt, damit die Leinwand für den Unterricht herunterfährt, die Ferse in die Luft stößt, um zu unterstreichen, was sie sagt. Degener hat ja Hände – sie hat Füße" (Prosinger 2014:o.S.). Ungewöhnliche Körper und Bewegungen lösen offenbar nach wie vor Staunen aus. Ihr Anblick lässt die Schauenden schwanken zwischen Bewunderung, Neugierde und Fehlverhalten. Bei jeder beliebigen Professorin mit einem gewöhnlichen Erscheinungsbild wäre es von Desinteresse, wo sie Uhr und Ehering trägt oder wie sie das Fenster schließt, sondern was sie zu sagen hat.

Ganz nach der traditionellen Einladung zur Varieté-Nummer – „Hereinspaziert! Kommen Sie und staunen!" – sind manche wohlmeinende Beiträge abgefasst. Beispielhaft: Ein Junge sitzt neben einem Wasserkanister, beide haben die gleiche Größe. Das Foto ist überschrieben mit „Kleinster Mann ganz groß" und im Beitrag heißt es dazu: Er „lacht mehr, lacht breiter, lauter, als Babys gewöhnlich lachen, die kaum größer sind als er, 56 Zentimeter ist Junrey Balawing groß, oder klein, um genau zu sein." Balawing ist „ein altes Kind" kurz vor seinem 18 Geburtstag, „gefangen in diesem winzigen, zerbrechlichen Körper" und „doch ein bewusst denkender und handelnder Mensch." Aber seine Mutter „wird ihn sein Leben lang pflegen, ihn nicht aus den Augen lassen und sein Vater ihn für immer auf Schultern" durch das kleine Dorf im Süden der Philippinen tragen. Junrey hofft auf seine Aufnahme ins Guinness-Buch der Rekorde, wie manch „ehrgeiziger Däumling" vor ihm. Die Geschichte des kleinen Balawing klingt „wie die vielen, in denen die Welt einem Zirkuszelt gleicht und das Publikum nach Attraktionen in der Manege lechzt, dem Kuriosen und Skurrilen" (Gehrmann 2011, 44).

Junrey Balawing

www.fr.de/panorama/kleinster-mann-ganz-gross-11700602.html

Abbildung 20: Chandra Bahadur Dangi, Der kleinste lebende Mann auf der Welt 2012 (wikipedia)

Abbildung 21: Khagendra Thapa Magar, (Wiki Commons)

Wie einst auf den Jahrmärkten funktioniert das Staunen über unge-

J. Amge / S. Kösen

http://german.china.org.cn/txt/2018-01/29/content_50344516_3.htm

wöhnliche Körpergrößen, erst recht, wenn sie als Gegensatz und mit dem Zusatz der Exotik ferner Länder präsentiert werden. Beispielhaft ein halbseitiges Farbfoto auf der Panorama-Seite einer überregionalen Tageszeitung: Das Bild zeigt einen großen Mann und eine kleine Frau nebeneinander stehend, im Hintergrund eine ägyptische Pyramide. Dazu der Text: „Zwischen ihnen liegen rund 188 Zentimeter Größenunterschied, ihre Probleme sind aber oft die gleichen: Mit 62,8 Zentimetern Körpergröße gilt die Inderin Jyoti Amge als kleinster Mensch der Welt, der Türke Sultan Kösen mit 251 Zentimetern als größter. Ungläubige Blicke ziehen wohl beide jeden Tag auf sich, passende Möbel und Kleider zu finden ist fast unmöglich".

Die Zeilen können als moderne Variante der Werbezettel für eine Freakshow durchgehen. Und während seiner Zeit der „Löwenmensch" das Publikum in seinen Bann zog, so ist es heute der „Fischmensch", ein „Krüppel" mit Arm- und Beinstümpfen, der in gut 13 Stunden den Ärmelkanal zwischen Frankreich und Großbritannien durchschwamm (Veiel 2012, 39).

Ähnlich die Faszination für einen anderen Schwimmer: Théo Curin ist seit seinem sechsten Lebensjahr vierfach amputiert an Armen und Beinen und trotzdem Hochleistungsschwimmer. Sein Management verkauft ihn mit seiner körperlichen Leistungsfähigkeit wie einen Supermann, obwohl er natürlich kein Held sein will. 2021 durchquerte er als Erster den höchstgelegenen See der Welt, den Titicacasee zwischen Peru und Bolivien: 120 km lang, 9 Grad Wassertemperatur in einer Höhe von 3800 Metern. Behindert sei, sagt Curin danach in die Fernsehkamera, sich seine Träume nicht zu erfüllen (Schwimmen 2022).

Im Mai 2022 erreicht der paralympische Athlet Andrea Lanfri als erster Mensch mit Mehrfachamputationen den Gipfel des Mount Everest (Abbildung 22).

Abbildung 22: Andrea Lanfri in Vetta, Nepal 2019 (Wiki Commons)

Seine Ausrüstungsfirma jubelt über dieses „Symbol der Selbstverwirklichung“ und des „eisernen Willens“ mit einer skurrilen Meldung: Lanfri hat „vier Weltrekorde gebrochen: erster Athlet, der mit mehreren Amputationen den höchsten Gipfel der Welt erklommen hat; erster Athlet, der auf unseren Cheetah

Xtreme die höchste Meile der Welt auf 5190 Metern in nur 9 Minuten und 48 Sekunden gelaufen ist; erster Botschafter, der unser Össur-Logo auf den höchsten Gipfel der Welt gebracht hat; unsere Prothesenfüße Pro-Flex LP Align und Pro-Flex XC erreichen den höchsten Gipfel der Welt." Sein Traum wurde wahr, den „Himmel mit drei Fingern zu berühren" (ossur.com 2020). Das Geschäftsmodell mit faszinierenden Leistungen von Personen mit Einschränkungen scheint zu funktionieren. Die Spielregeln von Kommerz und Konsum lassen es zu. Seltsam wird es, wenn die Storys als ermutigende Beispiele für die allgemeine Inklusion herhalten sollen.

Mit dieser Intention meldet wie etliche andere Medien die ‚Mitteldeutsche Zeitung' am 8. September 2020 in der online-Ausgabe aufgeregt: „Nackt im Playboy: Paralympic-Star Elena Krawzow trotzt ihrer Behinderung." Um dann fortzufahren: „Auf den ersten Blick ist nicht zu erkennen, warum Elena Krawzow anders ist als die Frauen, die sonst auf der Titelseite des Playboys zu sehen sind. Auch erkennt man nicht sofort, warum Elena an den Paralympics teilnimmt." Dieses Rätsel wird auch der zweite Blick nicht lösen. Denn Krawzow lebt mit einer starken Einschränkung ihrer Sehfähigkeit, optisch unterscheidet sie nichts von anderen Playboy-Models. Allein die verbale Verbindung von Nacktheit und Behinderung erklärt somit die mediale Aufregung, vom angedeuteten trotzig emanzipatorischen Akt bleibt außer der Sensation wenig übrig. Fortan heißt es in der Berichterstattung über Krawzows sportliche Leistungen im Brustschwimmen augenzwinkernd: „Macht nicht nur im Wasser eine gute Figur" (Bildunterschrift 2021). Eine andere Facette der Faszination löst der „Prothesen-Sprinter Johannes Floors" aus: Er darf sich nach seinem Olympiasieg „schnellster Mann ohne Beine" (ebd.) nennen. Assoziationen zur Freakshow sind unvermeidlich. Ganz ähnlich der Bericht über Maximilian Schwarzhuber Nachdem ihm die Unterschenkel amputiert wurden, beweist er sich als Extremsportler. Er läuft mit Prothesen die Marathonstrecke, absolviert den Triathlon und fährt per Rad in 24 Stunden von München nach Venedig. Sein Projekt, in 48 Stunden von Flensburg nach Oberstdorf zu radeln, erhielt die Ankündigung „Ohne Füße quer durch Deutschland" (Stillbauer 2022, 34).

Auch Tina Deeken, die ‚Behindertensportlerin des Jahres 2023', möchte anderen Mut machen. Die Lehrerin betreibt das Eisschwimmen, eine Extremsportart, bei der im Wettkampf das Wasser unter fünf Grad kalt ist. Kein ungefährliches Unterfangen für Herz und Kreislauf, weshalb die Schwimmer und Schwimmerinnen immer mit einer Rettungsboje um den Körper unterwegs sein sollten. Bei der Para-Weltmeisterschaft gewann Deeken sieben Titel und kam in das Guinness-Buch der Rekorde als schnellste beeinträchtigte Eisschwimmerin der Welt (Nording 2023, 34). Welche allgemein ermutigende Wirkung diese Leistung haben soll, bei der sich nicht wenige verstohlen an die Stirn tippen werden, sei dahingestellt. Die Beispiele ließen sich fortsetzen.

Bei so viel Enthusiasmus über sportliche Leistungen im Sinne der Inklusion wird schnell vergessen, dass auch die Paralympics und ähnliche Events Sonderveranstaltungen sind und regelmäßig einige Wochen nach dem Ende der olympischen Sommer- oder Winterspiele stattfinden. Diese Trennung hat mit anderen Vorzeichen ein historisches Vorbild aus der Zeit der Menschenzoos: Anlässlich der Weltausstellung 1904 in St.Louis fanden die zweiten olympischen Spiele der Neuzeit statt, allerdings nur für weiße Sportler. Parallel dazu wurden ‚anthropologische Spiele' organisiert mit Ureinwohnern aus verschiedenen Kontinenten und Kolonien, die untrainiert Wettkämpfe absolvierten. Das Publikum strömte herbei, amüsierte sich über die sportlichen Darbietungen „der Wilden" und fühlte sich als „weiße Herrenrasse" bestätigt. Gleichzeitig waren die Zuschauer fasziniert von dem Fremden und ihren Bemühungen („Die Wilden" 2017).

Noch immer dienen Körper mit Beeinträchtigung (kurz vor Weihnachten) als Aufhänger für rührselige Geschichten voller Klischees. Da ist die Rede von einem Leben voller Kampf, zwischen Heldentum und Drama, Einsamkeit und Tierliebe: Der kleingewachsene Frank Weckler ist mit einer Art Gelenkrheuma „körperlich stark eingeschränkt". Trotzdem absolvierte er mehrere Marathonläufe in Frankfurt, Berlin oder New York. Der Respekt hielt sich außerhalb des Insiderkreises allerdings in Grenzen. Beim Training wurde er von Jugendlichen als „Spasti", „Judensau" oder „Gartenzwerg" beschimpft, weshalb er fortan mit Kopfhörern zum Joggen ging. Nachdem sein Körper das Laufen nicht mehr zuließ, bekam Weckler Depressionen, unternahm drei Suizidversuche, er wollte „Schluss machen mit dem ewigen Kampf gegen seinen Körper und die Welt". Kurz vor Weihnachten starb seine Mutter, er nahm 39 Kilo ab. Aber: „Ich bin froh, ich habe zu Hause meine Katzen" (Joisten 2022, 28).

Eine andere Variante der Vereinnahmung lädierter Körper bot ‚RAL6010', ein Magazin für Verantwortung und Nachhaltigkeit (das namengebende Kürzel steht für einen bestimmten Grünton). Das Magazin wirbt unter anderen für Umwelt- und Naturschutz sowie für Geldanlagen jenseits der üblichen Wirtschaftszweige. Auf dem Titelblatt einer der Ausgaben lachen der Leserschaft zwei Frauen entgegen. Beide stehen in der Abenddämmerung am Strand, beide haben nur ein Bein und stützen sich auf eine Krücke. Über ihre Schultern bis zu den Hüften hängt eine Schärpe mit der Aufschrift „Miss Landmine". Ob hier der schwarze Humor den Hintergrund bildet oder ob die beteiligten und namenlos bleibenden Frauen aus Angola die Auszeichnung als Ermunterung ver-

Abbildung 23: Miss Landmine Kandidatinnen, Luanda, Angol
(traavik.info - Foto von Gorm K. Gaare)

stehen, bleibt ungeklärt. Der Künstler Morten Traavik kommentiert seine Aufnahme mit dem Satz: „Jeder hat das Recht, schön zu sein". Das Titelblatt fragt in großen Lettern zu Füßen der abgebildeten Frauen: „War das mein Geld? Was gute Zinsen statt blutiger Rendite bringt" (RAL6010, 2012, 1f.). Dieser Zusatz drängt die schönen Frauen in die Opferrolle, um an das schlechte Gewissen des Publikums zu appellieren. Zurück bleibt ein Aufmacher als Blickfang der Werbung für ethisch vertretbare Finanzprodukte.

Werbung, Laufsteg und ‚Body Positivity'

Ohnehin lesen sich die Versuche der Werbebranche, Personen mit Beeinträchtigungen zu berücksichtigen, wie ein großes Debakel. Für Aufsehen sorgte Ende der 1970er Jahre die Anzeige eines Versicherungsunternehmens, um das Anlegen von Sicherheitsgurten einzufordern: „Verkrüppelt für den Rest des Lebens ist ein schlimmer Tod!". Auch die Botschaft „Schluckimpfung ist süß – Kinderlähmung ist grausam!" geriet diskriminierend. Auf derselben Wellenlänge bewegte sich die Impfkampagne eines Arzneimittelherstellers mit dem Slogan „Taub macht stumm". Allein um das Jahr 2000 herum monierte der *Deutsche Werberat* etliche offensichtliche Fehlgriffe. So warb eine Modeanzeige mit der Abbildung eines Mannes in einer Zwangsjacke mit der Frage: „Fühlen Sie sich eingeengt?" Ein Radiosender machte mit dem Bild eines Kindes mit Down-Syndrom und dem Spruch „Immer das gleiche macht dumm" auf sich aufmerksam. Ein anderer Sender hielt die Werbung mit einem auf der Antenne sitzenden Wellensittich und dem Kommentar „Lieber einen Vogel in der Anzeige als ein Tauber vor dem Radio" für elegant gelöst. „Warum sehen viele Unternehmen nicht, dass sie ein Problem mit illegaler Software haben?", fragte ein Hersteller und bildete in

Inklusion oder Marketing-Clou?

https://leidmedien.de/aktuelles/supermodels-mit-behinderung-inklusion-marketing/

Inklusion auf dem Laufsteg

https://perspektivenwechsel-mit-prothesen.de/2019/02/10/inklusion-auf-dem-laufsteg/

der Anzeige einen Mann mit Blindenbinde ab. In einer Kampagne für die Auswahl des richtigen Urlaubsortes, verknüpft mit drohenden Konsequenzen der Nichtbeachtung von Warnhinweisen konnten drei in Liegestühlen sitzende Männer betrachtet werden: Allen fehlten Arm- oder Beingliedmaßen, offenbar die Folge einer Haiattacke beim unvorsichtigen Tauchen (vgl. Eckert 2010, 74ff.). Personen mit Beeinträchtigungen blieben Witzfiguren oder Symbole für erschreckende Ereignisse.

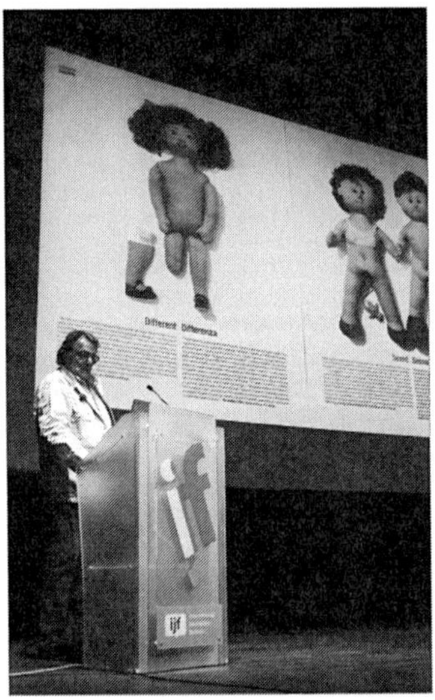

Abbildung 24: Oliviero Toscani, der für Benetton verschiedene Werbekampagnen gestaltete (wikimedia.org)

Diesen Varianten der ‚Behindertenwerbung' fügte 1998 die Modefirma Benetton eine neue Facette hinzu. In einem in über hundert Ländern erhältlichen und Aufsehen erregenden Katalog warben als geistig behindert vorgestellte Models für die Kollektion. Die Aufnahmen fanden in schöner Natur weitab vom städtischen Geschehen statt. Die Porträtierten tauchen im Kontext des Schonraumes einer Wohngruppe oder der Familie auf, eine erwachsene Person ist stets mit im Foto. Die „Bilder vermitteln den Eindruck, dass die gezeigten Menschen in dieser anderen Welt, wo Freude, Spiel und letztlich Gemeinschaft auf der Tagesordnung stehen, gut aufgehoben sind." Deshalb können die „Betrachter diese Welt ohne Irritationen lustvoll konsumieren. Die Bilder verheißen darüber hinaus, dass die meisten von ihnen davon ausgehen können, dass sie selbst in ihrem Alltag niemals mit geistig behinderten Menschen konfrontiert sein werden. Damit sind nicht nur die gezeigten Personen geschützt, sondern auch die Betrachter" (Tervooren 2003, 288f.).

Wenn Menschen mit Beeinträchtigungen in der Werbung auftauchen, geht es überwiegend um ‚eigene' Produkte wie die Gehhilfe, der Rollstuhl, therapeutisches Spielzeug, ein Lift für Treppen, das umgebaute Auto oder um ein Los für die Spendenlotterie. Aber auch die Modeindustrie hat seit Benettons Coup entdeckt, dass sich mit auffallenden Körpermerkmalen werben lässt. Über dieses Geschäft und wie es Aufmerksamkeit erregt, schrieb Karl Rosenkranz vor fast 150 Jahren:

> *Wohl „aber ist das Hässliche relativ, weil es nicht durch sich selbst, sondern nur durch das Schöne gemessen werden kann. Im gewöhnlichen Leben mag jeder seinem Geschmack folgen, nach welchem ihm schön dünkt, was einem andern hässlich, hässlich, was einem andern schön". Nach dieser allgemeinen Feststellung wurde Rosenkranz konkret: Das „Gebiet des konventionell Schönen, der Mode, ist voll von Erscheinungen, die, von der Idee des Schönen aus beurteilt, nur*

hässlich genannt werden können und welche doch, temporär, für schön gelten, nicht weil sie es an und für sich wären, sondern nur, weil der Geist einer Zeit gerade in diesen Formen den angemessenen Ausdruck seiner Eigentümlichkeit findet und sich an sie gewöhnt. In der Mode kommt es dem Geist vor allem darauf an, seiner Stimmung zu entsprechen, der auch das Hässliche als Mittel der adäquaten Darstellung dienen kann" (Rosenkranz 1853, 9).

Als behindert geltende Menschen zieht es gegenwärtig häufiger in diese Branche. Im Herbst 2015 läuft Madeline Stuart bei einer Haute-Couture-Modenschau der *New York Fashion Week* über den Laufsteg. Es heißt, für das Model mit Down Syndrom ging ein Traum in Erfüllung. Aber sie ist schüchtern und spricht nicht mit Fremden. Das übernimmt dann die Managerin – ihre Mutter. Diese hatte zuvor Fotos ihrer mit einem Bikini bekleideten Tochter bei Facebook veröffentlicht und hunderttausende Fans begeistert. Mit dem Auftritt bei der Modenschau solle die Inklusion vorangebracht werden, selbst von neuen Schönheitsidealen war die Rede (Filon/Walker 2015, 48). Schon näher an die Realität rückt die Tatsache, dass die Modebranche auf der Suche nach neuen Blickfängen diverse körperliche Auffälligkeiten entdeckt hat.

Die Nachfrage nach Mannequins mit einer Behinderung oder *People of Color* steigt. Die Agentur ‚fame

Abbildung 25: Die 18-jährige Madeline Stuart mischt die Modewelt auf

on me' vermittelt Models. Der Manager Giuseppe Gennaro betont: „Die Nachfrage wird immer größer, nach Diversität, nach außergewöhnlichen Typen, die auffällig sind für die Werbung, um auf ihr Produkt aufmerksam zu machen" (Wasmuth 2021). Eine Firma für Sportartikel sucht verstärkt nach Models mit Handicap, da kommt ein springender junger Mann mit Down Syndrom gerade recht. Die neuen Werbegesichter sollen die Produkte glaubwürdiger machen.

frameonme

www.fameonme.de/kartei/models-mit-handicap/

Sicher nicht zufällig wirbt der Dokumentarfilm „Body Positivity" über das neue Selbstverständnis vom eigenen Körper mit einem Standbild, auf dem eine Frau ihre Handprothese vor das

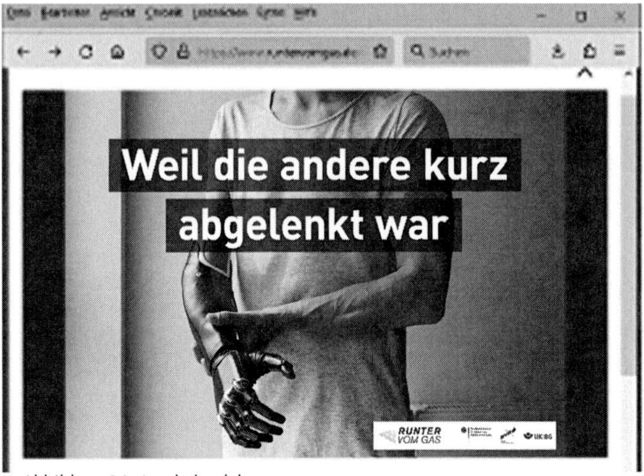

Abbildung 26: Autobahnplakat
(Screenshot https://www.runtervomgas.de/aktuelles-und-downloads/aktionsmaterial)

Gesicht hält. Die attraktive Frau mit einer künstlichen Hand passt perfekt in die Masche, nach Blickfängen zu suchen, die das überrascht Innehalten beim flüchtigen Schauen provozieren. Dasselbe Foto mit der real fehlenden Hand würde dagegen peinliche Irritationen hervorrufen. Die Prothese wirkt als Ergänzung zur ertragbaren Normalität und kann deshalb faszinieren, gleichzeitig dient sie der Vertuschung der Wirklichkeit.

Ob das offensive Zeigen der Prothese schon als ein Akt der Emanzipation gelten kann, wäre zu hinterfragen. Denn der Blick auf das gleiche orthopädische Hilfsmittel dient dem Bundesverkehrsministerium in einer aktuellen Plakatserie für Landstraßen und Autobahnen als Warnung vor den Folgen von schrecklichen Unfällen (Abbildung 26). Ganz ähnlich das Plakat mit einem abgebildeten Mann im Rollstuhl und dem Kommentar: „Weil der andere ein Bier hatte". Bei beiden Plakaten dient der lädierte Körper als Abschreckungsmodell, er ist degradiert zum „eyecatcher" – wie es in der Werbebranche heißt. Es ist schwer vorstellbar, wie ein und dieselbe bildliche Darstellung überzeugend Warnung und Attraktivität zugleich vermitteln kann. Letztlich geht es allein um die Faszination für die futuristisch anmutende Prothese. Damit bleibt im Kern die Distanz auf die Anderen übrig, auf ein Leben, das man so nicht führen möchte.

Prothesen-Marketing

Die Prothesenherstellung erlebte nach dem Ersten Weltkrieg ihren ersten Höhepunkt, die Prothese wandelte sich von der bekannten Einzelanfertigung – etwa die Holzbeine oder die berühmte eiserne Hand des Götz von Berlichingen – zum Massenprodukt. In der Pflege des Körpers zur Schönheit kann die Prothese als Bindeglied zur technischen Optimierung des Körpers angesehen werden. Ihre Aufgabe war es, versehrte Körper mit fehlenden Gliedmaßen zu versorgen. Das bedeutete, schwere Verletzungen und Verstümmelungen durch technische Errungenschaften auszugleichen, möglichst unscheinbar zu gestalten, im besten Fall den Körper wieder ökonomisch brauchbar zu machen. Unausge-

Beinprothesen

https://perspektiven-wechsel-mit-prothesen.de/2021/02/22/leben-mit-beinamputation-und-beinprothese/

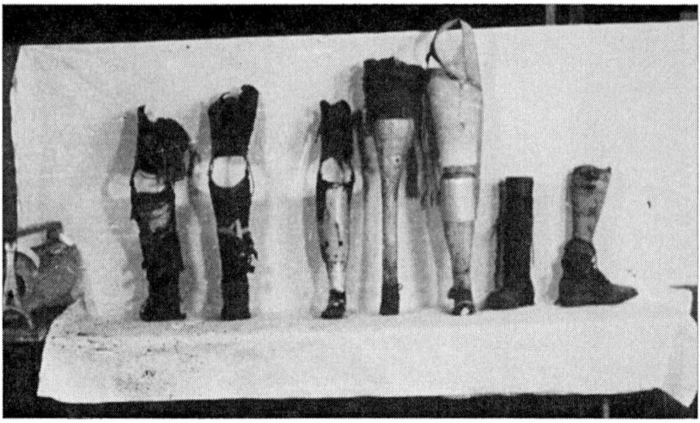

Abbildung 27: Arbeit der U.S. Army auf den Philippinen ~ 1940er (aus der Sammlung "Bilder aus der Geschichte der Medizin" der Bibliothek des *National Institutes of Health,* Maryland USA - Wikimedia Commons)

sprochen wurde die Botschaft der Heilung transportiert. Gegen diesen Zynismus der Optimierung des menschlichen Körpers für Ökonomie und Kriegslogik regte sich Kritik. Der satirische Text „Prothesenwirtschaft“ erschien 1920 in der Zeitschrift „Die Aktion“ in Berliner Mundart: „Was ‘ne Prothese is, weiß jedes Kind. Für den gemeinen Mann so notwendig heute wie früher Berliner Weißbier. So’n Proletenarm oder Bein wirkt erst vornehm, wenn ‘ne Prothese dransitzt. Der Prothetiker ist also ein besserer Mensch, sozusagen durch das Verdienst des Weltkriegs klassengehoben. (…) Ja, so’n brandenburger Kunstarm. Das könnte jedem passen. Was kann man mit dem alles machen. Zum Beispiel kochendes Wasser draufgießen, ohne sich zu verbrühen. Hält das etwa ein gesunder Arm aus? Der brandenburger Kunstarm ist das größte Wunder der Technik und eine große Gnade. Auch Schüsse gehen schmerzlos durch“ (zit. in Borck ,101).

Der Blick auf das künstliche Körperteil befindet sich punktuell im Wandel. Die Vortäuschung von Normalität erfährt eine Ergänzung durch ästhetisch-technische Wunderwerke. Prothesen werden nicht mehr nur schamhaft versteckt, sondern auch als ein Produkt für die Selbstinszenierung hergezeigt. Die künstlichen Gliedmaßen werden ästhetisch und machen erfolgreich. Für dieses Anliegen etwa in der Modebranche heißt das neue Motto: Bitte glotzen! Gleiches dürften sich jene wünschen, die ihr Ersatzteil verziert mit einem Segelboot oder einer nackten Frau demonstrativ zur Schau stellen. Und manche Athletinnen und Sportler laufen schneller, springen weiter oder klettern sicherer mit Prothesen als die nicht behinderte Konkurrenz. Da kommt das Weltbild ins Schwanken und schnell wurde der Vorwurf laut, das sei ungerecht, unfair und eine Variante des Dopings. Andere Stimmen sehen in der fortschreitenden Technisierung des Hilfsmittels den Menschen auf dem Weg zum Cyborg, zum Maschine-Mensch-Wesen. Aber ob die Kunstbeine nun von innen leuchten, mit Spiegelglas reflektieren, schrill farbig oder mit Edelsteinen besetzt sind, sie und damit die Personen, die sie nutzen, entkommen – gewollt oder ungewollt – nicht der voyeuristischen Faszination. Diese primäre Reaktion ändert nichts an der Realität, dass feh-

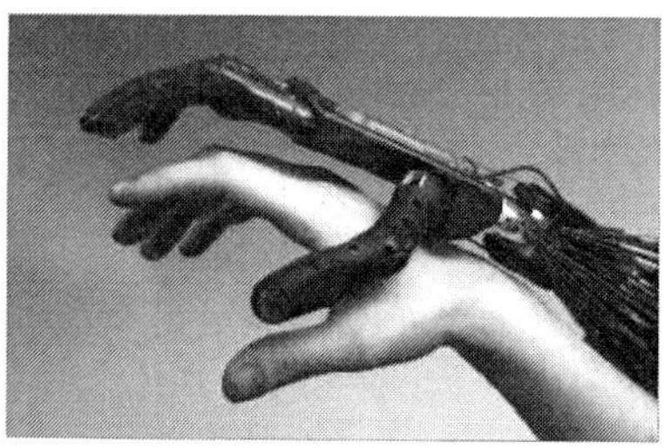

Abbildung 28: (Wikimedia Commons)

lende Körperteile nach wie vor ein Manko bei der Wahl von Partner oder Partnerin bedeuten.

Fabienne Jean

https://www.readingthe-pictures.org/files/2011/01/Damon-Winter-Haiti-Dancer.jpg

Eine Prothese kann aber auch ablenkend, erleichternd, hoffnungsvoll wirken. Beispielhaft ist das Foto der Tänzerin Fabienne Jean aus Haiti, der bei einem verheerenden Erdbeben ein Bein von einer einstürzenden Mauer zerquetscht wurde. Augenscheinlich fröhlich hält sie auf einem Steinhaufen sitzend ihre Beinprothese locker auf ihrer Schulter wie ein beliebiges Accessoire, die freie Hand über dem Knie verdeckt das Ende ihres Beinstumpfes. Der Blick fällt zuerst auf das Ersatzteil und das lachende Gesicht, das verkürzte Bein fällt erst beim zweiten Hinsehen auf. Das Bild vermittelt Erleichterung, dass in der Katastrophe die Schönheit überlebt. Dieses Ablenkungsmanöver vom lädierten Körper lässt es gleichfalls in den Hintergrund rücken, dass das Erdbeben 200.000 Menschen das Leben gekostet hat. Die Prothese schließlich als Symbol der Hoffnung für eine gute Zukunft, denn Jean will wieder tanzen.

Die Rezension der Autobiografie eines erfolgreichen Models hat den Titel „Schönheit als Waffe“: Im Text heißt es, die „Vermarktung der eigenen Schönheit nach männlichen Idealen“ ist „als kapitalistische Selbstbehauptung weitgehend anerkannt." Einerseits soll Schönheit nicht so wichtig sein, aber „die Überbleibsel der ursprünglich politischen Bodypositivity-Bewegung schreiben trotzdem in jede Ecke des Internets, dass alle Frauen, alle Körper, alle Menschen schön seien, so als ließe sich Schönheit als ästhetisches Konzept durch Wunschdenken auflösen" (Passmann 2022, 48). Das gelingt natürlich nicht, wie ein Blick in die Puppenstuben belegt:

Auf der ganzen Welt werden jede Minute hundert Barbie-Puppen verkauft. Das über Jahrzehnte dazugehörige Image verriet 1986 ein Text aus dem „Barbie-Journal": „Mannequin sein – das will schon gelernt sein. Denn ein hübsches Gesicht, eine schmale Taille, lange, schlanke Beine, die braucht man zwar auch dazu, aber das reicht längst nicht aus. Man muss schon wissen, wie man sich auf dem Laufsteg richtig bewegt" (zit. in Meier 2020, 13). Doch mit dem Aufkommen der Rede von Diversität reagierte der Spielzeugkonzern Mattel auf den Trend und entwarf kurvige Puppen oder solche mit anderer Hautfarbe. Medienwirksam angepriesen wurden gleichfalls Barbie im Rollstuhl und Barbie mit Prothese. Für die Angebote erhielt der Konzern Lob und Anerkennung. Als allerdings eine Journalistin in Hamburgs Kaufhäusern und Spielwarenmärkten recherchierte, fand sie weder Barbie im Rollstuhl noch Barbie mit Prothese, stattdessen jede Menge dünner blonder Barbies. Die Liste der

Bestseller beim Versandhandel Amazon bestätigte die Beliebtheit der Puppen-Varianten: Barbie mit Prothese belegte Platz 225, Barbie im Rollstuhl rangierte auf Platz 41, an der Spitze lag Barbie mit Glitzerkleid und Wespentaille (Meier 2020, 15). Behinderte Puppen sind im Angebot. Nur kauft sie fast niemand.

Abbildung 29 (aus der Barbie-Werbung)

Der Behindertenfilm als Feelgood-Kino

In Kino- und Fernsehproduktionen tauchen seit zwei Jahrzehnten auffallend regelmäßig Figuren mit einer Beeinträchtigung auf. Ein Dauerbrenner ist die im Münster-‚Tatort' auftauchende kleine Assistentin des Pathologen, der sie mit ‚Alberich' tituliert. Diese Bezeichnung nach einen mythologischen Zwergengeschlecht zieht sich als ‚running gag' durch die Folgen. Aber fast jede TV-Serie hat eine behinderte Person zu bieten, der Behindertenfilm hat Konjunktur. Eines wiederholt sich beim Betrachten voraussehbar: Etwas „stimmt nicht mit dem Körper, und der Normalo will es verhandelt sehen am Körper jenes anderen, den er mit einer Mischung aus Angst, Mitleid und Unbehagen studiert." Der Behindertenfilm „ist an der Oberfläche eine Art appellatives

Feelgood-Movie, und in den Kritiken liest man dann gerne Worte wie ,menschlich', ,unsentimental' und immer wieder ,ganz normal'. Eben darum geht es nämlich, um die Konstruktion der Normalität." Leicht ist die „Frage nicht zu beantworten, ob der wohlmeinende Behindertenfilm" Verbündeter oder Gegner ist, wenn es darum geht, möglichst autonomes Handeln zu erreichen. Denn natürlich kann „man etliche dieser Filme als humanistisch übermalte Freakshows ansehen, aber wahrscheinlich ist es doch ein wenig zu wohlfeil, Behindertenfilme durch die Bank als Seelenmassage für Kleinbürger-Gutmenschen und Bühne für Stars auf der Suche nach einer ,schauspielerischen Herausforderung' zu kritisieren." Denn gegenüber „den endlos gelifteten, verschönten, begradigten und geglätteten Stars und Promis, den verschönten Politikern und Barbie-Imitaten der Medien ist ohnehin jeder ,Normalo' ein Behinderter." Das bedeutet, „Behindertenfilme geben das Selbstmitleid einer Gesellschaft wieder, die den Körper nur noch als maschinelle Effizienz oder zur sexuellen/familiären Unterhaltung zulässt." Um zu einer „anderen Sprache der Körper zu gelangen" müsste jeder Behindertenfilm die soziale Realität hinter den großen Gesten zeigen. Demnach würden wahrhaftige Filme über Behinderungen „zunächst nicht von Familien und Freundschaften, von Ängsten und Sehnsüchten, von Bewährungen und Versöhnungen handeln, sondern von alltäglichen, zermürbenden Kämpfen mit Bürokraten, von heimtückischen Formularen, von medizinischen Maschinerien ohne Empfindung, von einer Politik fortgesetzter Heuchelei, von ökonomischer Ausbeutung und neuerlicher Ausgrenzung" (Seeßlen 2010, o.S.). Die Trost-Angebote der meisten Behindertenfilme, ob Road-Movie oder sentimentales Rührstück, gehen an der Wirklichkeit vorbei.

Über den Reiz der Darstellung von Gelähmten, Autisten oder Stotterern im Film sagt die (berechtigte) Hoffnung auf eine Oscar-Verleihung wenig aus. Schließlich drohen die Kitschgefahr und die manchmal peinlich anmutenden Versuche, einen Körper oder eine Seele mit Einschränkungen zu kopieren. Aber merkwürdigerweise ist das zahlreiche Erscheinen des Publikums im Kino garantiert, oft dieselben Leute, die ansonsten die Konventionen, die Ideale von Schönheit und Gesundheit hochhalten. Ein Versuch der Erklärung für das Phänomen besagt, dass die Narren oder Gelähmten die ultimativen Außenseiter sind. Sie „passen nicht in die Gesellschaft. Sie stehen für das reine Menschsein", jenseits von Höflichkeit und Funktionieren. Weil „sie nicht wie gefordert ticken, werden sie mit ihrem Tick zur Sehnsuchtsfigur für uns, die wir auch gerne mal nicht wie verlangt funktionieren wollen" (Lau 2011, 64). Erfolgreich laufen diese Filme, wenn am Schluss das *Happy End* steht: Der Spastiker bekommt die angehimmelte rothaarige Frau zur Partnerin, der komplett Gelähmte diktiert mit dem Augenlid seine Biographie oder der

Stotterer wird britischer König. Irgendwie ist die Welt in Ordnung, denkt das Publikum, geht beruhigt nach Hause und verfolgt nach dem kurzen Ausflug in das Ungewöhnliche den gewohnten Trott.

Nacktheit als Blickfang

Das Verständnis von Schönheit und beeinträchtigten Körpern scheint indes grundsätzlich noch nicht zu harmonieren, das belegen die drei folgenden Beispiele aus der Wochenzeitung ‚Die Zeit', die sich Themen aus dem Kunstbetrieb widmeten: Anlässlich der Präsentation eines Kunstobjektes auf dem Londoner Trafalgar-Square berichtete ein Journalist offenherzig und ließ seinen Vorurteilen freien Lauf: „Anmutig sitzt sie da, das Gesicht zur Seite gewandt, die Spur eines

Abbildung 30: Der Abschluss der Eröffnungsfeier der Paralympics 2012 (Wikimedia Commons)

Lächelns auf den schmalen, leicht gespitzten Lippen. Die Schultern schmal, der Busen straff, ein Marmortorso, der an die Venus von Milo erinnert. Und doch taugt diese Figur nicht zum Schönheitssymbol, ihre Füße sind verkrümmt, ihren schmalen Schultern fehlen die Arme. Es ist eine behinderte Frau, die der englische Bildhauer Marc Quinn da aus dem Stein geschlagen hat. Modell saß ihm die Künstlerin Alison Lapper, als sie im achten Monat schwanger war. Sie leidet" unter einem seltenen „Chromosomendefekt" (zit.in Waldschmidt 2006, o.S.). Aus Anmut und Schönheit macht der Betrachter ganz selbstverständlich Leid und Defekte. Das Normalitätsdenken fließt unreflektiert in die Beschreibung ein. Da spielt es auch keine Rolle mehr, dass – wie in diesem Beispiel die Künstlerin Lapper – die Person in ihrer Biografie das Gegenteil von Tragödie verkörpert.

In einem Feuilleton-Beitrag schwärmte der Autor über eine Ausstellung in Florenz zu dem Maler Bronzino, einem Künstler der Renaissance. Unzählige Gemälde würden im Museum für Begeisterung beim Publikum sorgen. Welche Schönheit, welche Eleganz! Eingerahmt ist der Text von zwei großen Abbildungen eines nackten kleinwüchsigen Mannes mit der Bildunterschrift: „Den Zwerg Morgante aus dem Hofstaat der Medici malte Bronzino (1503 bis 1572) gleich zweimal – von vorn und von hinten auf derselben Bildtafel". Dazu heißt es kommentierend, die „verwegene Darstellung des Zwergs Morgante" lässt sich „nur als Groteske verstehen". Denn „wie muss es auf die Kollegen gewirkt haben, dass dieser Maler im edlen Wettstreit um die ideale Kunst ausgerechnet einen unförmigen Zwerg auftreten ließ und keine antike Idealschönheit? Der blanke Hohn" (Rauterberg 2010, 58)! Die Frage drängt sich auf, warum zur Bebilderung des Beitrages ausgerechnet der kleinwüchsige Mann gewählt wurde, wo Bronzino doch bekannt ist für zahlreiche Porträts nackter und halbnackter Menschen. Die Vermutung liegt nahe, dass allein schon die ungewöhnlichen Proportionen Morgantes zum Lesen des Artikels animieren sollten. Nacktheit in Kombination mit körperlicher Auffälligkeit hat seinen Reiz bei der Leserschaft. Wenn zu behinderten Körpern eine sichere Distanz besteht, sind sie in der Betrachtung attraktiv. In einem weiteren Feuilleton-Beitrag der Wochenzeitung – diesmal über die Präsentation von DDR- und Westkunst – wird der Text von zwei großen Fotos nahezu erdrückt. Das Farbfoto zeigt einen einbeinigen nackten Mann an Krücken von hinten, der dominant zwischen anderen Körpern am Strand steht. Das Schwarzweiß-Foto bildet die Skulptur einer nackten Frau mit Armstümpfen ab. Das erste Foto zeigt ein

Abbildung 31: Dwarf Nano Morgante
(Wiki Commons)

Bild des Malers Willy Sitte, das zweite eine Skulptur von Alberto Giacometti. Im Text über eine Ausstellung in der Berliner Nationalgalerie spielen aber die beiden Künstler und die „Konfrontation zweier Krüppel" (Rauterberg 2011) lediglich eine einleitende Rolle. Auch diese Abbildungen dienen als Blickfang, im Lesesessel können die Voyeure die Hervorhebung der nackten Körper ungestört genießen.

Auch die antiken Statuen gelten als Inbegriff von Schönheit und Eleganz. Deshalb strömen unzählige Besucher in den Pariser Louvre, um die Schönheit der Venus von Milo zu bewundern. Allerdings beschrieb der Literaturwissenschaftler Lennard Davis die Statue realistisch: „Sie hat keine Arme und keine Hände, wenn auch der Stumpf ihres rechten Oberarms bis zu ihrer Brust geht. Ihr linker Fuß wurde durchtrennt und ihr Gesicht ist voller Narben, die Nasenspitze ist verletzt und an der Unterlippe fehlt ein Stück. Glücklicherweise wurden die Gesichtsverstümmelungen behandelt und sind kaum noch sichtbar. Nur noch einige kleinere Narben fallen bei näherem Hinsehen auf. Der große Zeh ihres rechten Fußes ist abgeschnitten und ihr Torso ist mit Narben bedeckt. Zwischen ihren Schulterblättern gibt es eine besonders große Narbe, eine andere bedeckt ihre Schulter und eine dritte findet sich auf der Spitze ihrer Brust, bei der die linke Brustwarze herausgerissen ist" (Waldschmidt 2006, o.S.). Weil die Venus als Inbegriff weiblicher Schönheit gilt, sehen die Besucher eine Schönheit und keine Venus, die verletzt, verstümmelt oder körperbehindert ist. Für das vorgezeichnete Bild werden unbewusst Ersatzteile zur Perfektion in den Blick genommen, damit Vorstellung und Realität sich fügen. Bei realen behinderten Personen funktioniert das nicht, weil niemand lernt, dass Behinderung schön ist.

Aber auch an den als behindert geltenden Frauen und Männern gehen die Schönheitsnormen nicht vorbei. Die Sozialwissenschaftlerin Susan Wendell meint, wir „idealisieren den menschlichen Körper. Unsere physischen Ideale ändern sich von Zeit zu Zeit, aber wir haben immer Ideale. Diese Ideale drehen sich nicht nur um Erscheinungsbilder; sie sind auch Ideale von Stärke und Energie und adäquater Kontrolle des Körpers.“ Dabei können einige Personen „die Illusion von Akzeptanz haben, die davon kommt zu glauben, dass ihre Körper nahe genug am Ideal sind, aber diese Illusion bringt sie nur weiter dazu, sich mit diesem Ideal zu identifizieren, sowie auch die endlose Aufgabe, die Wirklichkeit damit abzugleichen. Früher oder später müssen sie scheitern.“ Wendell ergänzt: „Behinderte Personen können auch an unserer eigenen Marginalisierung teilhaben. Wir können uns Körper wünschen, die wir nicht haben, mit Frustration, Scham, Selbsthass. Wir können uns so fühlen als wären wir eingesperrt in einem negativen Körper; es ist unsere internalisierte Unterdrückung, so zu fühlen“ (zit. in Spiel 2023, 71ff.).

Ermutigend sind die Sätze der Journalisten Alice Bota. Sie beschreibt, wie ihre Mutter bei der endgültigen Ausreise aus Polen in ihren zwei Koffern ausgerechnet eine Blumenvase mitnahm, die sie vor vielen Jahren von ihren ärztlichen Kollegen geschenkt bekam. Dieses private Ereignis lässt Bota fragen, vielleicht „ist es ja auch erst unser Blick, der die Dinge schön macht? Für meine Mutter entstand die Schönheit durch die Erinnerung an etwas, das zu wertvoll war, als dass sie es loslassen konnte. Unsere Erinnerungen zeichnen das Gewöhnliche schön. Deshalb kommt mir die Schönheit manchmal so intim und verletzlich vor." Und Bota fährt fort: Manchmal „denke ich, vielleicht bedeutet Schönheit, sich zu widersetzen und seinen Platz in der Welt zu erkämpfen, mithilfe der Kunst, der Musik, der Literatur oder der Mode. So gesehen kann jeder schön sein. Schönheit ist kein Zustand, es ist eine Handlung, ein politischer Akt" (Bota 2017, 54).

5. Akzeptanz und Emanzipation

Die übliche historische Betrachtung behinderter Menschen ist eine Geschichtsschreibung der Opfer: Kinder, Frauen und Männer mit ungewöhnlichem Äußeren, unbekannten Verhaltensweisen oder mit Einschränkungen der Lernfähigkeit wurden versteckt, verhöhnt, verspottet, verteufelt, in speziellen Institutionen verbracht, ruhiggestellt, zwangssterilisiert und getötet. Diese Behandlungsformen reduzier(t)en behinderte Personen in der Wahrnehmung zu Objekten von Entwürdigung und Misshandlung. Auch die emanzipatorische Behindertenbewegung hat diese Sichtweise gestützt, um im Gegenzug auf Respekt und Anerkennung zu pochen.

Aber obwohl die unbestreitbaren Fakten für ihre Ausgrenzung und Erniedrigung das Opferbild stärken, stellt sich die Frage, warum es an Gegenbildern mangelt. Eine Geschichtsschreibung über die ‚widerspenstigen Behinderten' existiert nicht. Ein Grund für diese Leerstelle könnte darin liegen, dass, wenn Personen in der historischen Betrachtung für ihre künstlerischen, literarischen, philosophischen, politischen oder unternehmerischen Qualitäten gewürdigt werden, die vorhandene Behinderung im Rückblick keine Rolle mehr spielt und unerwähnt bleibt. Zu hinterfragen wäre auch, ob manche Opferbilder stimmig sind und nicht auch gegenteilige Interpretationen zulässig sind, ohne in falsche Heroisierung zu verfallen. Denn denkbar ist, dass beides zutrifft: den Verhältnissen zu trotzen und ihnen dennoch phasenweise oder gänzlich zu erliegen. Den historisch gefestigten Blick auf Behinderung zu hinterfragen bedeutet, die üblichen Denkweisen anzuzweifeln. Wesentlich im Sinne einer anderen Wahrnehmung wäre, ob Personen sich im Bewusstsein der Einschränkung als Subjekt entsprechend den eigenen Möglichkeiten präsentieren. Es kann heißen, einengenden Verhältnissen durch Witz und Ironie zu trotzen. Oder: Einfach zu überleben.

Der Erziehungswissenschaftler und behindertenpolitische Aktivist Volker Schönwiese wandte sich vor wenigen Jahren der gängigen Geschichtsschreibung nachdenklich zu: Denn so sehr behinderte Personen in der Geschichte Verfolgte und Opfer waren, Gegenbeispiele sind kaum erforscht, historisch gelungene Integration und Akzeptanz ist kaum dokumentiert, weil sie meist wohl unsichtbar war: Das Opferbild gehört zu den vorherrschenden historischen Vorstellungen, die aktuell wirksam sind. Schönwiese fuhr fort, das Opferbild sei als sehr zwiespältig einzuschätzen, da es historisch-kritische und gleichzeitig sehr traditionelle Vorstellungen eines aufgrund seines So-Seins ewigen Behinderten verbindet.

Der Fokus auf das Opferbild produziert historische Darstellungen, die nicht den ganzen Menschen mit seinen verschiedenen Facetten wahrnimmt – den angenehmen und den unangenehmen. Das behinderte ‚Opfer' ist im historischen Rückblick Objekt gesellschaftlicher Prozesse oder eine Person, der übel mitgespielt wurde. Die andere Seite ihrer Existenz findet sich in den Stadtchroniken, Aufsätzen und Büchern lediglich zwischen den Zeilen oder als Nebenbemerkung. Es bedarf eines anderen Blickes, um diese zweite Sichtweise herauszulesen.

Die Reduzierung auf das Tragische nimmt nicht die ganze Person wahr (und die kann als solche nicht agieren). Es gibt Mitleid und Mitleid, schreibt der italienische Autor Daniele Giglioli. Bedeutend sei, was diese Rahmung den Opfern selbst antut. Sie stigmatisiert sie und beraubt sie gänzlich oder zum Teil ihrer Biografie und ihrer kulturellen Bezüge. In dieser Konstellation würde die Vergangenheit die Zukunft fesseln. Was bleibt, ist das Recht auf Hilfe – wobei auch die den Opferstatus festigen kann. Auf das heruntergeschrumpft, haben sie zwar Tränen, aber keine Argumente. Ihre Stimme dient dazu, sich zu bedauern und nicht dazu, sich über Gerechtigkeit und Ungerechtigkeit zu verständigen. Ihre Wahrheit liegt im Blick der Anderen, der Gnädigen, der Mitleidigen.

Das Bild vom ewigen behinderten Opfer ist eine einseitige Interpretation. Behinderte Körper und ungewöhnliche Verhaltensweisen waren und sind die Störenfriede einer trügerischen Normalität.

„Behindert-Sein ist schön!“ und „Wir erobern uns unsere Körper zurück!“

Der Historiker Kenneth Stampp beschrieb in seinem Buch „Die besondere Institution“, wie weiße Farmer sich den idealen Sklaven vorstellten. „Zur Erziehung sollte unbedingt beachtet werden: 1. Der Sklave muss vollkommen abhängig sein. Sein Herr habe unbeschränkt zu bestimmen. 2. Ihm ist das Bewusstsein seiner persönlichen Minderwertigkeit einzuimpfen. 3. Er darf sich nicht sicher fühlen. 4. Der Sklave ist davon zu überzeugen, dass er die Regeln des Herrn übernimmt und sich für dessen Unternehmungen interessiert. Was wahr, gut und schön ist, bestimmt der Herr. 5. Der Sklave ist mit seiner Hilflosigkeit zu erfüllen, die völlige Abhängigkeit von seinem Herrn ist ihm zur Gewohnheit zu machen. Wer „die Regeln zur Heranzüchtung eines perfekten ‚Sklaven‘ liest, kann statt ‚Sklave‘ auch getrost ‚Behinderter‘ einsetzen“ (Klee 1974, 108). Diese Einschätzung übersah, dass die Anhäufung von Reichtum ohne die Arbeit der Sklaven nicht möglich gewesen wäre, auf die Tätigkeit von behinderten Personen wird hingegen lieber verzichtet. Aber ganz abwegig war der Vergleich Mitte der 1970er nicht. Frauen und Männer mit Einschränkungen lebten seit ihrer Kinderzeit in der Regel in

Fremdbestimmung, Abhängigkeiten sowie fern der Öffentlichkeit in einer Sonderwelt.

Einer der ersten, der die Umkehrung der ästhetischen Normen formulierte, war Gusti Steiner. Nach seiner Beobachtung schiebt die Gesellschaft behinderte Menschen bewusst an den Rand, denn „sie erinnern an die eigene Verletzbarkeit und Sterblichkeit, man empfindet sie als Bedrohung der persönlichen Integrität. Will sich der Behinderte aus dieser gesellschaftlichen Diskriminierung lösen, sich emanzipieren, sich aus dem Zustand der Abhängigkeit vom fremdbestimmten Ich-Ideal der Leistung, jugendlichen Schönheit und körperlichen Ästhetik befreien, muss er“ seine „Andersartigkeit akzeptieren. An die Stelle des fremdbestimmten Ich-Ideals muss ein selbstbestimmtes treten: Behindert sein ist schön“ (Steiner 1974, 125)!

Mit der Ansage „Sei stolz auf das, was Du bist!“ wurden eigene Verhaltensweisen hinterfragt. Dazu zählte der gespürte Zwang, „aufkommende Verlegenheit und Unsicherheit durch Erklärungen und betont freundliches Entgegenkommen aufzulösen. Die Gefahr besteht, mit der eigenen Meinung zurückzuhalten, auf keinen festen Standpunkt zu bestehen: der Weg zum verwalteten, artigen ‚Musterkrüppel‘ ist eingeschlagen.“ Die Einstellung „voller Vorurteile gegenüber Behinderten steckt auch in mir, ich versuche sie nur, durch beschriebenes Verhalten aufzulösen anstatt sie als unsinnig abzulegen, mich für selbstverständlich zu halten" (Sierck 1982, 131).

Die sich seit Mitte der 1970er Jahre formierende emanzipatorische bundesdeutsche Behindertenbewegung hatte von Beginn an ein distanziertes Verhältnis zu den wissenschaftlichen Disziplinen, die sich mit behinderten Menschen befassten. Die Fachleute aus Medizin, Pädagogik, Theologie oder Sozialarbeit degradierten Kinder, Frauen und Männer mit Einschränkungen zu Objekten ihres Handelns. Denktraditionen sahen in einer Behinderung nur Last und Leid, das zum Wohle aller schon vorgeburtlich selektiert werde müsse. Auf dem Weg zu einem selbstbestimmten Leben war es für die Behindertenbewegung notwendig, sich eindeutig von den studierten Fachleuten abzugrenzen.

Als Anfang der achtziger Jahre Mitarbeiter des *Instituts für Medizin-Soziologie* in der Hamburger Krüppelgruppe auftauchten, um diese Blüte der Selbsthilfe in ihre Forschungsarbeit einzubeziehen, wurden sie höflich vor die Tür gesetzt. Die junge politische Behindertenbewegung hatte genug von (sozial-)wissenschaftlichen Studien rund um das ‚Phänomen Behinderung', die bestenfalls eine Gemeinsamkeit besaßen: Sie waren gut gemeint und schlecht gemacht. Behinderte Menschen blieben die Objekte von oben herab durchgeführter wissenschaftlicher Projekte. Dass behinderte Frauen und Männer selbst das Wort ergreifen, ihren Alltag fundiert analysieren und daraus Ergebnisse ableiten können, diese Möglichkeit schien den beteiligten Fachdisziplinen undenkbar und schlug sich im Tenor ihrer Publikationen nieder. Die Rede war von Schädigungen, Anomalien, Missbildungen oder körperlichen Defektzuständen.

Noch vor vierzig Jahren zerbrachen sich Fachleute aus Pädagogik, Medizin oder Theologie den Kopf darüber, ob behinderte Menschen Sexualität besitzen und wie diese gegebenenfalls kontrolliert werden könne. Zu jener Zeit erfuhr der Autor Fredi Saal, dass seine Vermittler im Arbeitsamt der Überzeugung waren, er „dürfe unmöglich in einem Betrieb arbeiten, in dem überwiegend Frauen beschäftigt werden“ (Klee 1981, 171). Die Verwaltungsangestellten gingen selbstverständlich davon aus, dass die angeblich besondere und meistens unterdrückte Triebhaftigkeit (körper-)behinderter Männer durch übermäßige äußere Reize unkontrolliert zum Ausbruch kommt. Dabei traf es mit Saal eine Person, die die Institutionen der Aussonderung erleben musste und ihre Aufgaben treffend benannte. Er erkannte rückblickend in den Anstalten die „Funktion von sozialen Entsorgungsparks“, die gepriesen werden, in Wirklichkeit aber seien sie die „landschaftlich reizvollen Behindertengehege, für einen Ausflug zur allgemeinen Besichtigung und religiösen Erbauung freigegeben.“ Und weiter in seiner Kritik: Ein „Käfig bleibt ein Käfig, mit verrosteten oder vergoldeten

Gitterstäben. Eingesperrt kann man sich nicht ‚zuhause' fühlen." Denn abhängige „Behinderte dürfen eben ihre Eigenständigkeit nicht zeigen. Sonst müssen sie in der Anstalt untergehen. Das Heim ist nicht auf den eigenständigen Menschen angelegt, sondern auf die kollektive Bewahrung unliebsamer Zeitgenossen" (Saal 1982, 17ff.). Als einer der wenigen formulierte Saal sein Selbstbewusstsein: „Alles Erdenkliche hätte ich sein können – vielleicht sogar einer jener Menschen, die ich manchmal wegen ihres Studiums beneide –, wenn ich ohne Körperbehinderung zu meinem Lebenslauf angetreten wäre, nur eines nicht: Ich selbst! Dieser bestimmte Mensch mit meinem Namen ist gar nicht anders zu denken als mit einer spastischen Lähmung, die seine Geh-, Greif- und Sprechfähigkeit einschränkt." Mit diesen Sätzen beginnt Fredi Saal seine biografischen Erinnerungen und fragt schon mit dem Buchtitel: „Warum sollte ich jemand anderes sein wollen" (ebd., 1)?

Die Distanz zu den selbsternannten Fachleuten in der Behindertenarbeit bezog die Ideen der Integration mit ein. Denn auch hier wurde deutlich: Wer körperlich und geistig akzeptabel anpassungsfähig ist, hat Chancen zur Aufnahme in den schulischen Regelbetrieb jenseits der Aussonderung. Wer „die Macht der Normalität auf seiner Seite weiß, hinterfragt sie nicht. Als integriert gilt folglich, wer sich so verhält, wie es vorgezeichnet und erwartet wird. Damit übt der unreflektierte Integrationswille einen enormen Anpassungsdruck aus auf die Werte und Normen der Leistung, des Verhaltens oder des Aussehens. Sich dem zu beugen setzt für behinderte Menschen die Verleugnung von Teilen ihrer Identität voraus. Das hat mit gleichberechtigten Möglichkeiten und selbstbewussten Handeln nichts zu tun, ist in den Sonderschulen aber auch nicht anders: Auch hier herrscht die Hierarchie der funktionstüchtigen Körper(teile) und der vorzeigbaren intellektuellen Fähigkeiten" (Sierck 1991, 29).

Ein wichtiger Schritt zur Emanzipation war der erfahrungsbedingte Grundsatz: Behinderte Menschen wissen am besten, was behinderte Menschen benötigen. Sie lehnten die Definitionsmacht der Orthopäden, Chirurgen oder Pädagogen über sich und ihre Körper ab. Gleichzeitig verstanden sie sich als eigensinnige Subjekte. Nahezu alle Frauen und Männer mit Einschränkungen haben negative Erfahrungen mit dem Expertentum: Ihr Körper wurde gedehnt, gestreckt, gedrückt, gequetscht, an ihm wurde gezogen und gezerrt und mit ihm dem Fachpublikum Ungewöhnliches demonstriert, er sollte Haltungen annehmen und Bewegungen ausführen, die nicht zu ihm passten, er sollte praktische Übungen lernen, die er auch nach zehn Jahren nicht beherrschte, er sollte tief einatmen, obwohl das mit einem Medizinball auf dem Bauch unmöglich war. Und so fort. Beglückt über diese Torturen äußerten sich medizinisches Personal, Physio- und Ergotherapeuten und nicht zuletzt die Eltern. Die Meinung der als behindert eingestuften Kinder, Jugendlichen und Erwachsenen spielte keine Rolle, sie lernten ihren Körper als Träger von Defekten kennen. Unbestritten ist, dass manche medizinische Eingriffe Sinn machten und nicht zu umgehen waren. Die Normalisierungsversuche jedoch hinterließen Spuren, die sich nicht von heute auf morgen wegwischen ließen. Eine Voraussetzung für die Wandlung in eine positive Selbstwahrnehmung und Selbstachtung bildeten die Auseinandersetzungen mit den herrschenden Idealen und Erwartungen.

„Mit Puder und mit Creme wird auch die Krüppelfrau schön" – so lautete die Überschrift eines Textes von Nati Radtke in der ‚Krüppelzeitung', erschienen 1981 im internationalen ‚Jahr der Behinderten'. Radtke kritisierte damit eine Diplomarbeit von Katja Seebaum mit dem Titel „Die Bedeutung kosmetischer Pflege für körperbehinderte Mädchen", die vom damaligen ‚Spastikerverein' als Kosmetikfibel übernommen wurde und in die Geschichte der Heilpädagogik einging. Das mit wissenschaftlichen Anspruch vorgelegte Werk behauptete, dass das „gepflegte Äußere" für die Entwicklung entscheidend und die Unterstützung durch richtige Kosmetik unumgänglich sei. Radtke schrieb, zwar wird jeder Frau „vorgegaukelt, dass sie sich ihrem Idealtyp annähern kann, wenn sie sich bestimmte Produkte kauft"; doch für die „Krüppelfrau" sei die Kosmetik aus einem anderen Grund wichtig: Sie „soll nicht auf ihren Körper aufmerksam machen, sondern von ihm ablenken" (Radtke 1981, 61f.). In der Fibel hieß es: „Körperbehinderte sollen besonders Kosmetik verwenden, weil der häufig dumm anmutende Gesichtsausdruck durch Kosmetik aufgehoben wird" (Steiner 2004, 56). Für den Behindertenaktivisten der ‚ersten Stunde' Gusti Steiner waren solche Sätze Grund genug, um an grundlegenden Veränderungen in der Zunft der Heilpädagogik zu zweifeln und seinen Standpunkt zu unterstreichen: „Heilpädagogik: Nein, Danke!!" (ebd., 53).

„Wir erobern unsere Körpern zurück!" – mit diesem Aufruf wendeten sich Anfang der 1980er Krüppelfrauen, so die Selbstbezeichnung, gegen die normierte Ästhetik. Dadurch, dass „wir unseren Körper und uns selbst ständig als unwert erleben und dieser Situation meistens vereinzelt ausgesetzt sind, müssen wir von uns annehmen, dass irgendetwas mit uns nicht stimmt, während die anderen die ‚vielgeliebten Normalos sind." Selbständigkeit und Unabhängigkeit, Leistung und Ästhetik sind Ziele, „die auf den Körper bezogen" werden. Ein „Mensch mit einem ‚Krüppelkörper' ist demnach ein völlig hilfloses und hässliches Wesen. Wenn ein Körper nicht entsprechend funktioniert, muss er wenigstens noch ästhetisch bzw. unauffällig aussehen, damit" sich die Nichtbehinderten „nicht ständig erschrecken müssen." Da die „Ästhetik gerade für Frauen so ausschlaggebend ist, werden wir Krüppelfrauen Meisterinnen in der Anpassung an die Normen" und „unterdrücken uns in noch größerem Maße als nichtbehinderte Frauen". Wir sind „noch abhängiger von der Achtung anderer, die uns wichtig sind. Wir weigern uns," weiterhin diese „Welt der ‚Normalos' als die unsere zu akzeptieren" (Petra / Nati 1982, 8). Als vor fast vierzig Jahren behinderte Frauen ihre Lebensalltag beschrieben, hieß der Buchtitel „Geschlecht: behindert. Besonderes Merkmal: Frau". Gemeint waren damit Erfahrungen mit diskriminierenden Denkweisen und Realitäten: Sexualität war ein Tabu, Familiengründung galt als unverantwortlich und beruflicher Erfolg schien ein schöner Traum. In dem1985 herausgegebenen Sammelwerk „Geschlecht: behindert, besonderes Merkmal: Frau" gaben erstmals Betroffene grundlegende Einblicke in die Lebensbedingungen behinderter Frauen. Das Vorwort bot eine schonungslose Abrechnung, ohne Illusionen wurden Erfahrungen aus feministischer Sicht formuliert: Als „Krüppel sind wir minderwertige, gesellschaftlich unnütze Wesen. Der Wert eines Menschen bemisst sich in unserer Leistungsgesellschaft hauptsächlich an seiner Arbeitsleistung. Da unsere Arbeitskraft für Unternehmer nicht uneingeschränkt verwertbar ist, wir nicht konkurrenzfähig sind, stehen wir an unterster Stelle der Werteskala. Für die Nichtbehinderten ein Grund, uns in allen Lebenslagen gesondert zu behandeln, uns in Sonderkindergärten, Sonderschulen, Heimen und Sonderwerkstätten zu isolieren, und als minderwertig zu behandeln." Nach dieser Kritik am ‚goldenen Käfig' kamen die Werte und Normen an die Reihe: „Als Frauen trifft uns die patriarchale Frauenunterdrückung ähnlich wie nichtbehinderte Frauen. Wie sie werden wir an Männernormen gemessen; an den Normen der Schönheit und der Rollenerfüllung in Bezug auf Haushalt und Kindererziehung. Wir entsprechen diesen Idealen in keiner Weise. Das Patriarchat, die Machtverteilung zwischen Frauen und Männern, in der der Mann der Privilegierte ist, stützt sich jedoch auf die geschlechtsspezifische Rollenverteilung, in der die Frau für den privaten, häuslichen Bereich und der Mann für den außerhäuslichen Bereich, für die Bestreitung des Lebensunterhaltes zuständig ist. Eine behinderte Frau kann diese Rollenverteilung aufgrund ihrer ‚körperlichen Mängel' nicht gewährleisten, sie sichert nicht die Privilegien des Mannes." Und zum Schluss werden die ästhetischen Normen attackiert, die Negierung der Weiblichkeit. Denn sie entspricht „nicht dem gängigen Schönheitsideal – eine behinderte Frau ist also keine akzeptable Partnerin. Wir Krüppelfrauen sind Frauen, die behindert sind, wir werden aber als Behinderte behandelt, die nebenbei weiblich sind" (Ewinkel / Hermes 1985, 7).

Im Rückblick sind Veränderungen nicht zu leugnen. Aber nach wie vor werden Frauen mit Behinderung als ‚defizitär' und weniger leistungsfähig angesehen und somit in ihren beruflichen Partizipationsmöglichkeiten massiv benachteiligt. Zu diesem Ergebnis kommt eine aktuelle wissenschaftliche Studie (Ehrig / Krumpholz 2022). Die Untersuchung, gestützt auf zahlreiche Interviews, fragt nach den Bedingungen, die zum beruflichen Erfolg geführt haben. Dieser Erfolg wird von den befragten Frauen subjektiv beschrieben, die Erfüllung durch die Arbeit ergänzt sich mit der Wertschätzung im sozialen Umfeld. Kriterien sind Spaß, Gestaltungsmöglichkeiten oder das Erreichen selbstgesteckter Ziele. Notwendig sind laut Aussagen der Befragten Fach- und Sozialkompetenz sowie die Selbstimmunisierung gegen Abwertungen. Dabei gehen die Frauen unterschiedlich mit ihrer Beeinträchtigung um, betonen sie jedoch als ein Merkmal ihrer Persönlichkeit, die sie von den gesellschaftlichen Normalitätsvorstellungen trennen. Für den Umgang mit dieser Situation nennen sie als Alltagsprinzip die Bewahrung ihrer Selbstakzeptanz, Lebensbejahung und Flexibilität. Die Interviewpartnerinnen erleben den Anpassungsdruck und die für sie erschwerten Rahmenbedingungen. Damit behinderte Frauen sich durchsetzen können, brauchen sie in überdurchschnittlichem Maße Zielstrebigkeit, Eigeninitiative, Durchhaltevermögen und Zuversicht – sowie persönliche und soziale Unterstützung. Neben diesen Fähigkeiten benennen alle befragten Frauen das Manko, sie hätten Rollenvorbilder beruflich erfolgreicher Frauen vermisst.

Das Hinterfragen der Werte von Leistung, Schönheit und von Körpermaßen findet gegenwärtig zunehmend in den so genannten sozialen Medien statt. In zahlreichen Blogs und Foren lassen sich Gedanken über Kleidung, Schminken, Sexualität oder dem Umgang mit den eigenen Fähigkeiten und Diskriminierungserfahrungen nachlesen. Wie öffentlichkeitswirksam dieser Austausch per heimischen Computer im anonymen Internet ist, lässt sich schwer beurteilen. Gesichert dürfte neben der Vielfalt der abrufbaren Informationen der Effekt der individuellen Aufmunterung sein, zu wissen, anderen geht es mit diesem oder jenem Problem sehr ähnlich. Über den Wunsch nach Ermutigung schreibt eine Studentin in ihrem Blog, sie hätte sich in ihrer Jugend jemanden erhofft, „der mir das Gefühl vermittelt hätte, dass ich eine ganz normale junge Frau bin. Eine Frau, die das Recht hat, ihr Leben in vollen Zügen zu genießen". Ihren Followern vermittele sie deshalb, „dass sie genauso wie sie sind, richtig sind. Ohne wenn und aber" (katja 2022).

Im Rückblick entstand die Überlegung, ob mit der Betonung des positiven Körpers nicht gegenteilige Effekte bewirkt wurden. Denn die „Konter-Identifikation bedeutet aktiven Widerstand gegen die gesellschaftliche Fremdbestimmung und ihrer normativen Implikationen. Es geht um die Ablehnung von ‚Inklusionsversuchen' durch eine Gesellschaft, die nicht hinterfragt, warum sie vorher überhaupt ausschließt."

Die deutsche Krüppelbewegung hat „bewusst ihre beeinträchtigten Körper als gruppenbildendes Distinktionsmerkmal eingesetzt und somit Menschen ohne entsprechende Körper“ ausgeschlossen. Die Aktivitäten „waren von einer radikalen Aufbruchstimmung geprägt,“ die einen „historischen und moralischen Anerkennungsprozess in Gang setzte.“ Das bedeutet, die „Konter-Identifikation mag im besten Fall durchaus geeignet sein, Diskurse“ anzustoßen, schärft „aber gleichzeitig die Konturen der eigenen Kategorie.“ Damit bleibt der beeinträchtigte Körper „das Zeichen einer durch Vorurteile und Phantasien geformten abstrakten Vorstellung zu Behinderung, die ohne den leibhaftigen Menschen auskommt. Konter-Identifikation kann also durchaus dazu dienen, seine eigene Position innerhalb der Abstraktion Behinderung zu reorganisieren, während eine Perforation ihrer Grenzen unwahrscheinlich bleibt“ (Cappovilla / Riemen 2022, 130f.).

Disability Studies – Beeinträchtigung als soziales Modell

Seit etwa zwei Jahrzehnten machen in wissenschaftlichen Bereichen die deutschsprachigen *Disability Studies* von sich reden, ein Ansatz, der im angloamerikanischen Sprachraum schon länger etabliert ist. Primäres Anliegen ist es, dem medizinischen Modell von Behinderung, das sich an der Defektsuche orientiert, eigene Definitionen entgegenzusetzen. In Deutschland dominiert in dieser Hinsicht das soziale Modell. Das soziale Modell von Behinderung unterscheidet grundsätzlich zwischen den Faktoren Beeinträchtigung (impairment) und Behinderung (disability). Gemeint ist mit *impairment* das Fehlen oder die Beeinträchtigung eines Körperteils oder einer Körper- bzw. Organfunktion, Behinderung bedeutet in diesem Verständnis Benachteiligungen und Einschränkungen, deren Gründe in den gesellschaftliche Bedingungen zu suchen sind und durch sie verursacht werden. In einem Sammelband mit Beiträgen zu diesem Wissenschaftszweig heißt es einleitend: Die „Disability Studies verstehen Behinderung nicht als naturgegebenes, überhistorisches Phänomen – sondern als eine gesellschaftlich negativ bewertete Differenz, die sozial konstruiert wird und daher stets in ihrem jeweiligen historischen, sozialen und kulturellen Kontext analysiert, gedeutet und verstehbar gemacht werden muss" (zit. in Zander 2022, 2).

Wesentlich für die *Disability Studies* ist, das der „Körper das Medium ist, über das (Nicht-)Behinderung überhaupt wahrgenommen werden kann" (Waldschmidt 2020, 38f.) Die Beeinträchtigung ist erkennbar in körperlichen Auffälligkeiten, Körperformen, Bewegungen oder Lauten. So gesehen sind nicht nur „Körperstrukturen und -funktionen, sondern auch alle anderen dauerhaften gesundheitlichen Abweichungen – ob Verletzungen der Seele, fehlende kognitive Fähigkeiten oder Verhaltensauffälligkeiten – eigentlich ‚verkörperte Differenz' im weitesten Sinne." Das bedeutet, alle „Auffälligkeiten, die als Behinderung figurieren, werde mittels des Körpers ausgedrückt und können nur über diesen auch wahrgenommen werden." Letztlich sind „Disability Studies eine Einübung in ein ‚anderes' Denken, ein Denken, das sich bewusst als ‚schräg', ‚schief' oder ‚ver-rückt' versteht" (ebd.).

Aber so „diskussionswürdig Diagnosen wie Zerebralparese, Taubheit, frühkindlicher Autismus, Depression oder Schizophrenie sein mögen, sie alle beziehen sich auf etwas, das auch dann fortbesteht, wenn sie selber verändert oder ganz abgeschafft werden. Dasselbe gilt für mögliche Manifestationen gesellschaftlicher Benachteiligungen." Man kann „Behinderung als persönliches Unglück oder als gesellschaftliche Unterdrückung empfinden, das eine ist nicht weniger wahr als das andere; mehr noch, beide Auffassungen schließen einander nicht notwendigerweise aus" (Zander 2022). Die Kritik am sozialen Modell läuft darauf hinaus, dass die Realitäten nicht vollständig als sozial konstruiert bezeichnet werden können. Dies würde unter anderem die vielfältigen Facetten des Körpers mit Einschränkungen ignorieren. Ein solches Vorgehen öffnet aber der Medizin oder der Sonderpädagogik Tür und Tor. Das verpönte medizinische Modell wäre erneut im Vordergrund präsent.

Eingeständnis von Nachteilen

Es lässt sich nicht leugnen: „,Besondere' Körper funktionieren häufig nicht so, wie es gemeinhin von menschlichen Körpern im entsprechenden Alter erwartet wird: Sie tun oftmals nicht, was von ihnen üblicherweise zu erwarten ist – wie im Falle von Lähmungen oder Inkontinenz – oder sie tun mehr als ‚richtig' ist, wie z.B. bei manchen spastischen Lähmungen." Zwar kann der Körper „Besonderheiten häufig selbst ausgleichen – oftmals führt dies dann zu Abnutzungserscheinungen in Körperteilen, die auf diese Weise fehl- oder überbeansprucht werden." Und viele „Menschen mit ‚besonderen' Körpern müssen sich" deshalb „über den normalen Alterungsprozess hinaus mit dem drohenden Verlust verbleibender körperlicher Fähigkeiten auseinandersetzen." Ebenso Realität ist, dass manche Körper „medizinische Eingriffe, die Schmerzen verursachen und Narben hinterlassen" benötigen – und „mitunter geht die körperliche Besonderheit mit einer verkürzten Lebenserwartung einher." Schließlich verlangen viele ‚besonderen' Körper „sehr viel Aufmerksamkeit und Sorgfalt im täglichen Umgang; sie sind oft nicht sehr belastbar, auch im Hinblick auf die Dinge, die man gerne machen möchte." Wer also „einen ‚besonderen' Körper hat" wird unter Umständen „immer wieder auf ihn und seine Begrenzungen zurückgeworfen – ihm und den Anforderungen seiner Materialität zu entrinnen, ist oft nicht möglich. Diese Anforderungen bestehen weitgehend unabhängig vom gesellschaftlichen Wandel" auch mit Blick auf Weiterentwicklungen in Medizin und Hilfsmittelversorgung" (Koebsell 2012, 10f.).

Dieser Analyse lässt sich im Rückblick auf das offensive Agieren der emanzipatorischen Behinderteninitiativen hinzufügen, „dass eine differenziertere Form der Selbstdarstellung, die eingesteht, dass Behinderung auch Nachteile und Leid bedeuten kann, schwieriger ist als die Provokation. Die differenziertere Auseinandersetzung ist ehrlicher gegenüber sich selbst, aber sie steht ständig in Gefahr, die Schubladen zu bedienen, die Nichtbehinderte für behinderte Kinder, Frauen und Männer parat haben" (Mürner/Sierck 2009, 13). Die Aufforderung lag beständig in der Luft, doch endlich zuzugeben, dass ein Leben mit Behinderung eine trübsinnige Angelegenheit sei. Behinderung wurde zur individuellen Problematik erklärt, der Körper zum Ausdruck des Desasters. Dieser Denktradition sollte ein Gegenentwurf vorgeführt und vorgelebt werden: „Sich offensiv hinzustellen mit der Behauptung ‚Behinderung ist schön' war nicht nur Provokation, sondern Ausdruck eines neu eingeschlagenen Weges, auf dem die Vorgaben der Normalität ernsthaft hinterfragt wurden" (ebd., 107f). Zu diesem Weg gehörte es, eigene Schwächen sich und der Öffentlichkeit nicht einzugestehen. Die Mitglieder der Behindertenbewegung waren in der Außendarstellung niemals hilflos und abhängig, sondern präsentierten sich als „kämpferisch, aktiv, mutig und stolz auf sich selbst" (ebd., 107).

Doch das eigene Erscheinungsbild, die eigenen Bewegungen wichen ganz offensichtlich von der Normalität der Umgebung ab. Daraus ergab sich die Erkenntnis: „Emanzipation Behinderter heißt auch, Einschränkungen als bedauerlich anzuerkennen. Das gehört zu unserer Selbstakzeptanz". Und: „Ja, ich würde lieber meine Beine spüren und lieber meine Blase kontrollieren können. Doch das bedeutet überhaupt nicht, dass ich dann glücklicher oder unglücklicher wäre. Vor meinem Unfall war ich auch nicht glücklicher. Aber heute bin ich stolz. Stolz, dass ich trotz meiner Einschränkungen mein Leben so reich entfalten konnte, gegen viele Widerstände, Diskriminierungen und gegen mein eigenes Minderwertigkeitsgefühl. Und ich erlaube niemandem unwidersprochen, diese Entwicklung aufzuhalten. Ich erlaube keine Diskriminierung mehr" (Sandfort 1993, 87f.).

Emanzipation – Beispiele aus dem Kulturbetrieb

Auch in der Kunstszene ist der Körper als zentraler Moment der Auseinandersetzung angekommen. Im Herbst 2021 eröffnete in Frankfurt eine mehrmonatige internationale Ausstellung unter dem Motto ‚crip time'. Zahlreiche Künstlerinnen und Künstler mit Beeinträchtigungen stellten ihre Arbeiten vor. Über die

Intention hieß es in der Broschüre zur Ausstellung einleitend: „In einer Welt, die auf permanente körperliche Funktionalität, Mobilität und Verfügbarkeit und deren stetige Steigerung baut, führt jegliche Form von Dysfunktionalität zum unmittelbaren Ausschluss oder wird als behandlungsbedürftig erklärt. Die Gewalt, die in normativen Körpervorstellungen und somit in Bildung, Arbeit, Architektur, Medizin und Pharmakologie liegt, ist folgenschwer. Fortwährend werden Menschen durch gesellschaftliche Barrieren beeinträchtigt und behindert. Zugänglichkeit aber ist die Grundlage von Teilhabe und Gerechtigkeit.

Krankheit ist keine individuelle Angelegenheit, sondern eine kollektive gesellschaftliche. Gesundheit nicht nur ein medizinisches Terrain, sondern auch ein politisches, das von sozialen Machtverhältnissen bestimmt wird." Die Organisatoren und Veranstalterinnen gehen davon aus, dass individuelle Autonomie ein Mythos ist. Sie setzen optimistisch auf Gemeinsamkeiten: „Unsere gegenseitige Abhängigkeit anzuerkennen, ermöglicht uns hingegen, zu einem neuen Denken von Gesellschaft zu gelangen. Anstelle einer ständigen Verfügbarkeit geht die Idee von ‚crip time' von multiplen Bedürfnissen aus. Veränderte Zeitlichkeiten können entstehen, neue Formen der Fürsorge und Verbundenheit entwickelt und ein anderes Denken und Wahrnehmen eröffnet werden." Für diese Zukunftsvision gilt es, die „Verletzlichkeit unserer Körper als etwas uns Konstituierendes zu begreifen. Denn erst unsere Verletzlichkeit macht uns zu sensiblen, wahrnehmenden und verschiedenen Menschen" (crip time 2022, o.S.)

Film und Fernsehen lassen hin und wieder den Anspruch erkennen, Perspektiven der emanzipatorischen Veränderung anzubieten. In diesem Sinne diskussionswürdig ist die sechsteilige argentinisch-französische Serie „1 Meter 20", die bei Arte-TV zu sehen war. Inhaltlich dreht sich die Serie um die 17jährige Rollstuhlfahrerin Juana. Sie ist auf der Suche nach dem ersten Mal Sex. Erfolgreich, aber nicht beglückend. In den sechs kurzen Episoden geht es um diverse Körperbilder, Selbstfindung und Protest gegen traditionelle Rollenzuschreibungen. Juana engagiert sich an ihrem Gymnasium an einem Schulstreik für das Recht auf Sexualkundeunterricht und für das Recht auf Abtreibung. Von einem Reporter zu ihrer Motivation befragt, antwortet sie: Bei der Aufregung um meine Person und dem Interesse daran, ob ich abgetrieben habe oder nicht, geht es um „Spott und Sensationslust. Weil es von einer Person kam, die im Rollstuhl sitzt. Warum wird alles darauf reduziert? Warum bewertet man mich anders? Warum bin ich eine Sensation?". Entscheidend aber ist: „Wenn man nicht mit einem Normkörper geboren wurde, hat man sich herauszuhalten und ruhig zu sein. Man darf andere nicht belästigen. So lernen wir, uns selbst und unsere Körper zu hassen. Es reicht. Wir wollen einen Unterricht, der Diversität und Selbstwertgefühl fördert." Am Schluss rollt Juana strahlend inmitten einer großen Demonstration für das Recht auf Abtreibung durch die Hauptstraße der Stadt. Da scheint es wieder auf, das Feelgood-Kino. Aber die Figur der Juana – von einer tatsächlich rollstuhlfahrenden Frau gespielt – vermittelt Faszination und Emanzipation zugleich: Blau getönte Haare, scharfzüngig und schlagfertig und Lust auf sexuelle Abenteuer, gleichzeitig ihre Situation analysierend und nach Veränderung strebend.

Auch der Literaturbetrieb bringt inzwischen Publikationen hervor, die den Alltag mit Beeinträchtigungen ohne Pathos und Klischees thematisieren. Ein Beispiel ist die fast lyrische (Bilder-)Buchgeschichte für Kinder und Erwachsene über das Stottern: Der Ich-Erzähler, ein Junge im Schulalter, wacht auf mit dem Klang der Wörter: B wie der Baum vor seinem Fenster und K wie die Krähe in den Zweigen und M wie der Mond, der am Himmel verblasst. Er hört die Worte, kann sie aber nicht sagen. Sie stecken kratzend in seinem Hals, umzingeln seine Zunge und malen ein stummes, staunendes Lächeln auf die Lippen. Wortlos frühstückt er, schweigend geht er zur Schule, setzt sich ganz nach hinten und bringt keinen Satz zustande, als der Lehrer ihn nach seinem Lieblingsort fragt. Die Mitschüler amüsieren sich und lachen über ihn, sie „starren auf meinen Mund und sehen nicht, wie der Morgenmond aus ihm scheint.“ In „mir stürmt und tobt es, meine Augen füllen sich mit Regen.“ Der Vater holt ihn von der Schule ab. Sie fahren zum Fluss. Ruhig und mächtig fließt der Strom dahin, einem fernen unbekannten Ziel entgegen. Doch an den Stromschnellen stockt er in ganzer Tiefe. Dann wieder sprudelt, wirbelt, spritzt er und drängt vorwärts. Nach dem Hindernis wird er still und weich, stolz und sanft schimmernd zieht er unbeschwert weiter. Der Fluss ist wie ich, auch der stottert manchmal, denkt der Junge. Am nächsten Tag erzählt er vor der Schulklasse von seinem Lieblingsort, dem Fluss.

Jordan Scott, ein mehrfach ausgezeichneter kanadischer Dichter, erzählt diese Geschichte – seine Geschichte. Im Nachwort schreibt er: „Jeder, der stottert, stottert anders. Ein Stottern ist niemals nur ein Stottern, sondern eine sehr intime Angelegenheit, bei der Wörter, Klänge und der eigene Körper ineinander verschlungen sind. Mein Stottern gehört mir und ist zugleich Teil eines großen, vielstimmigen Stroms, des sperrigen Redeflusses von Mündern“, die Essen bestellen, Small Talk halten oder mit ihren Liebsten reden. „Stottern ist schrecklich schön“, schreibt Scott. Er fühlt sich mit dem Stimmengewirr verbunden und zugleich allein. Manchmal „würde ich gerne mit Anmut und Eleganz sprechen und nur in Worten, die sich sanft und glatt anfühlen. Aber das bin nicht ich. Ich bin wie der Fluss“ (Scott / Smith 2021, o.S.).

6. Persönliche Anmerkungen

Personen mit einem ungewöhnlichen Körper erfahren einen hohen Anpassungsdruck. Manche verhalten sich deshalb wie ein Chamäleon, um in jeder Situation möglichst unauffällig zu bleiben und trotzdem dazu zu gehören. Es gibt das Wort vom ‚Behindertenporno', gemeint in dem Sinne, dass Menschen mit Beeinträchtigungen ihr Innerstes entblößen, um der nicht behinderten Welt zu erklären, wie es ihnen denn so geht – im Guten wie im Schlechten. Geschichten werden erzählt, um Verständnis einzufordern. Dazu gehören Antworten auf immer dieselben Fragen nach den Gründen für die ungewöhnliche körperliche Wahrnehmung, wobei medizinische Begriffe die Neugierde nicht befriedigen. Dieses Spiel zur Beruhigung der Normalitätsvorstellungen muss man nicht mitmachen. Gleichzeitig ist die Verweigerung zwiespältig, weil das Argumentieren und Aufzeigen, die Aufforderung zum Denken freiwillig eingeschränkt wird. Diese Gedanken vorausgesetzt verstehen sich die folgenden Anmerkungen als Versuch einer Gratwanderung.

Ich bin eine Körpersensation. Jedes Auftauchen in einer unbekannten Öffentlichkeit bedeutet Entertainment. Eine stets aufs Neue, obwohl zu erwartende, erstaunliche Erfahrung. Denn die eigene Art der Bewegungen wird mit einer Beeinträchtigung nicht in Verbindung gebracht, weil sie rund um die Uhr selbstverständlich vonstatten gehen.

Mir Unbekannte interpretieren dagegen bei meinem Anblick: A wie betrunken; B wie geistig behindert; C wie irgendwie unheimlich. Kommt es zum Gespräch, folgt ein ähnlicher Dreisprung: zunächst die Überraschung über die Formulierung von Sätzen, gefolgt von Erleichterung und Beruhigung, am Ende steht häufig Respekt. Gefolgt von vergifteten Komplimenten: Glücklicherweise hätte ich intellektuelle Fähigkeiten. Dieser wohlmeinende Zuspruch teilt meine Person in gut und schlecht, der Körper ist Anhängsel des Geistes. Und nebenbei wertet es jene ab, die nicht schnell oder wie gewohnt denken.

Mein Körper löst bei anderen Verhaltensmuster aus. Das bedeutet nicht selten, dass der Taxifahrer am Bahnhof die Mitnahme verweigert, weil er mich in die Schublade A, B oder C einordnet. Im Sinne des sozialen Modells ist diese Ablehnung die Behinderung. Stimmt. Aber die Fahrgelegenheit ist trotzdem passé. Immerhin, meine Empörung richtet sich gegen die Ablehnung und nicht gegen meinen Körper, der das Laufen von kleinen Strecken nicht mehr schafft. Seitdem ich mich mit einem Rollator bewege, fällt das Raster ‚betrunken' weg und wird mit ‚körperlich eingeschränkt' oder ‚behindert' ersetzt. Das Hilfsmittel bekommt eine Schutzfunktion vor diskriminierenden Unterstellungen, verändert jedoch keineswegs die Einordnung in Denkschablonen. Gleichzeitig ist der Rollator zwar nützlich, oft aber ein Störfaktor, den man vor sich herschiebt. Die Fortbewegung ohne dieses unterstützende Gerät war entschieden angenehmer.

Das soziale Modell muss den Körper und dessen Wandlungen berücksichtigen und benennen, um überzeugend zu wirken. Wenn ich etwa Wörter mehrmals zur Verständigung wiederholen muss, ist das mühsam und geht auf die Nerven. Dieser Umstand wird sich in einer utopisch gedachten sozialen Gesellschaft wiederholen. Die Mehrheit der Menschen mit Beeinträchtigungen gehen auf das Rentenalter zu oder haben es erreicht. Wenn dann die Gelenke knirschen, die Hörfähigkeit abnimmt oder innere Organe Probleme bekommen, dann sind das Maleschen des Körpers, die in allen vorstellbaren besseren Welten auftauchen werden. Erkläre mal jemanden, der oder die vierzig Jahre körperlich gearbeitet haben, die auftauchenden Probleme seien nur Teil einer Konstruktion. Ignoranz hilft nicht, unsere Körper brauchen früher oder später das medizinische Wissen. Eine andere Frage ist die nach dem Umgang mit den Machtkonstellationen, die im Krankenhaus oder beim Praxisbesuch auftauchen.

Es ist unterhaltsam, im Café zu sitzen und die flanierenden Menschen zu beobachten, ihre Bewegungen, ihre Gesten, ihre Gesichter: Fröhlich oder traurig wirkend, scheinbar ausdruckslos oder vielsagend, müde oder munter, faltenlos oder gezeichnet, aufmerksam oder wohl desinteressiert und manchmal die Spuren ständiger Überforderung zeigend. Ohne die Vielfalt wäre es langweilig. Ich muss gucken, um zu sehen, was oder wer auf mich zukommt. Ein Vorgang des Lernens, um Gefahren zu erkennen oder zu umgehen – es macht Sinn, bei der roten Figur oder entsprechenden Warnsignal an der Ampel stehen zu bleiben. Es sollte aber möglich sein, Gedanken und Urteile zu reflektieren. Nur so lässt sich die Furcht vor dem Fremden und Ungewöhnlichen verändern. Das moderne Reden von Diversität bleibt andernfalls bloßes Wortgeklingel für das faszinierend Ertragbare.

Ich frage mich: Wo sind die Menschen mit schwer beeinträchtigten Körpern? Nach wie vor unsichtbar. Sie verschwinden im Sondersystem und tauchen höchstens gruppenweise bei Ausflügen der Wohngruppe oder einer Heimabteilung auf. Die Diskussion um Vielfalt und Anerkennung geht an ihnen vorbei. Sind sie überhaupt mitgedacht?

Die akademisch-wissenschaftlichen Auseinandersetzungen darüber, wie ‚Behinderung' jenseits des medizinischen Modells einzuordnen sei, gehen vermutlich an der großen Mehrheit derjenigen, um die es geht, vorbei. Ich denke dabei manchmal an den Wandspruch, den ich Anfang der 1980er Jahre in Berlin las: „Solange wir nicht gelernt haben, das zu fordern, was uns zusteht und das zu tun, was uns gut tut, wird uns auch keine Revolution befreien. Und wenn wir das gelernt haben, dann wird keine Revolution mehr nötig sein."

Im Disput über den Körper taucht ein Phänomen auf, das aus der Historie bekannt ist: Die Antwort Lichtenbergs auf Lavaters Theorien der Physiognomik rief eine bezeichnende Reaktion hervor: Er müsse, hieß es, schon wegen seines ausgeprägten Buckel ablehnend argumentieren. Kritik als Notwehr auf Grund des körperlichen Zustandes zu diffamieren, bedeutet sie nicht ernst zu nehmen. Dieses Dilemma ist nicht aus der Welt. Als ich die Praktiken und Perspektiven humangenetischer Beratung kritisierte, antwortete mir ein Genetiker, er könne mich zwar verstehen, aber da bei mir kein Gendefekt vorliege, sollte ich lieber schweigen. Ähnlich die Antwort auf Protest gegen Stimmen, die die Tötung behinderter Neugeborener als humanen Akt legalisieren wollen: Diese Gegenwehr, wurde abwinkend festgestellt, sei eine egoistische Perspektive. Und als ich mit Blick auf die neue ‚Euthanasie'-Diskussion in einem Beitrag für die Zeitschrift ‚Die Beute' die übliche Gleichsetzung von Behinderung mit Leid und Unglück kritisierte, konnte das Berliner Stadtmagazin ‚Zitty' in einem Kommentar nicht mehr an sich halten: „Was für ein dreckiger, verlogener Quark. Chronische Krankheiten und Behinderungen sind beschissen, belasten Geist, Körper und Seele und beschränken den Menschen in seiner Entfaltungsfreiheit" (Zitty 1994, o.S.).

Noch immer bemerke ich Leute, die nach einem Schlaganfall ihren gelähmten Arm verschämt in die Jackentasche drücken und gleichzeitig über den Bürgersteig humpeln. Dieser hoffnungslose Versuch, eine Beeinträchtigung zu verstecken weist auf die Macht der Normalität. Dabei sind kleine Fluchten notwendig. Da die Mehrheit der Öffentlichkeit ohnehin neugierig über mich staunt, muss ich ihr nicht jede Zirkusnummer bieten, die es auszuhalten gilt und Energie kostet. Das bedeutet eine Gratwanderung zwischen Selbstschutz und Anpassung. Der Alltag bietet viele Gelegenheiten, die Initiative abzugeben und auf eigene Handlungen zu verzichten. Lebenslänglich bedeutet an dieser Stelle kein Strafmaß, sondern die permanente Herausforderung, die individuellen Fähigkeiten nach Möglichkeit zu nutzen. Und dazu gehören die langsamen oder spontanen, die gleitenden oder ruckartigen, überraschenden oder bekannten Bewegungen des eigenen Körpers.

7. Anhang

Literatur

1 Meter 20. Regie: Maria Belen Poncio, Rosario Perazolo Masjoan, Damian Turkieh. Argentinien/Frankreich 2021

Balzac, Honoré de (2022): Theorie des Gehens, hrsg. von Andreas Mayer, Berlin

Benz, Wolfgang (2020): Vom Vorurteil zur Gewalt. Politische und soziale Feindbilder in Geschichte und Gegenwart, Herder, Freiburg/Basel/Wien

Bildunterschrift (2021): Frankfurter Rundschau vom 6. September 2021, Nr.206, Sport S.7

Billig, Michael (1981): Die rassistische Internationale, Frankfurt a.M.

Blume, Judith (2019): Wissen und Konsum. Eine Geschichte des Sammelbildalbums 1860-1952, Göttingen

Borck, Cornelius (2020): Prothesen als missing link zwischen Schönheit und Optimierung. In: Baden in Schönheit. Die Optimierung des Körpers im 19. Jahrhundert, hrsg. von Matthias Winzen, Athena, Bielefeld

Bota, Alice (2017): Schönheit rettet. En Briefwechsel mit Andrea Böhm. In: Die Zeit vom 12. April 2017, S.53f.

Brunner, Karl (2015): Was ist Schönheit? Anmerkungen über Ästhetik und Augenblick, Edition Konturen, Wien/Hamburg

Cammann, Alexander (2021): Eros und Rausch. Ein Gespräch mit dem Archäologen Tonio Hölscher über Schönheit, Kultur und Körperkult. In: Die Zeit vom 18. November 2021, Nr.47, S.73

Cappovilla, Dino / Riemen, Fabian (2022): Zum Leben im beeinträchtigten Körper. In: Gemeinsam Leben, 30 Jg., Heft 3

Clare, Eli (1999): Exile and Pride, Durham. In: Mondkalb – Zeitschrift für das organisierte Gebrechen, Nr.1, 2014. Übersetzer: Stefan Gerbing

Costa, Margherita (2023): Die schöne Frau bedarf der Zügel nicht. Porträt, Werkauswahl und Übersetzung von Christine Wunnicke, Berenberg, Berlin

crip time (2022): Booklet zur Ausstellung, Museum für Moderne Kunst, Frankfurt a.M.

„Das Schlangenmädchen" (2016): Spielfilm. Regie: Vibeke Idsoe, Norwegen

Dederich, Markus (2007): Körper, Kultur und Behinderung, transcript, Bielefeld

„Die Wilden" in den Menschenzoos (2017): Dokumentarfilm. Regie: Bruno Victor-Pujebet / Pascal Blanchard, Frankreich

Der etwas andere Schönheitswettbewerb (2004): Ein Pro und Contra. Gespräch mit Chantal Louis, Michaela Heering, Martina Puschke. In: Emma, Nr.5

Eckert, Martin (2010): Werbung mit Behinderung, transcript, Bielefeld

Eco, Umberto (2004): Die Geschichte der Schönheit, Hanser, München/Wien

Eco, Umberto (2010): Die Geschichte der Hässlichkeit, dtv, München

Ehrig, Heike/Krumpholz, Doris (2022): Ressourcen von beruflich erfolgreichen Frauen, Waxmann Verlag, Münster/New York

Eibl-Eibesfeld, Irenäus (1995): Wider die Misstrauensgesellschaft, Piper, München

Einheitsübersetzung der Heiligen Schrift (2016): Katholische Bibelanstalt Stuttgart. In: www.bibleserver.com, Abruf 26.03.2022

Ewinkel, Carola / Hermes, Gisel (Hg.) (1985): „Geschlecht: behindert. Besonderes Merkmal: Frau, Verlag AG SPAK, Ulm

Filon, Jenny / Walker, Frank (2015): Madelines Traum wird wahr. In: Frankfurter Rundschau vom 5. September 2015

Fotografie (1982): Abbildung in: In: Der große Wie-lebst-Dudenn. Das Buch über Selbsthilfe, Selbstorganisation und Patientenrecht, Verlag Gesundheit, Berlin

Foucault, Michel (1992): Leben machen und sterben lassen: Die Geburt des Rassismus. In: diskus – Frankfurter StudentInnenzeitung, 41. Jg., Heft 1, Februar 1992

Frankfurter Rundschau (2018): Gleich und Gleich... In: Frankfurter Rundschau vom 29. Januar 2018

Franzen, Jutta (2020): Fröhliche Chirurgie oder wie der wahre Körper endlich zur Ware wurde. In: Baden in Schönheit. Die Optimierung des Körpers im 19. Jahrhundert, hrsg. von Matthias Winzen, Athena, Bielefeld

From, B. (1894): Armlos. Eine Erzählung für junge Mädchen, Verlag des Art. Institut Orell Füßli, Zürich

Gehrmann, Sebastian (2011): Kleinster Mann ganz groß. In: Frankfurter Rundschau vom 23. April 2011

Gellert, Christian Fürchtegott (2023): Das Land der Hinkenden. In: gedichte-lyrik-online.de / Abruf 6. Januar 2023

geschichte.wiki.wien.gv.at / Abruf 13. Januar 2023

Goffman, Erving (2014): *Stigma – Über Techniken der Bewältigung beschädigter Identität, 22. Aufl., Frankfurt a.M.*

Gottwald, Claudia (2009): Lachen über das Andere. Eine historische Analyse komischer Repräsentationen von Behinderung, transcript, Bielefeld

Gottwald, Claudia (2013): Behinderung in der Karikatur. Zum Verhältnis von Hässlichkeit, Komik und Behinderung in der Geschichte der Karikatur. In: Ochsner, Beate/Grebe, Anna (Hg.): Andere Bilder, transcript, Bielefeld

Haug, Wolfgang Fritz (1986): Faschisierung des bürgerlichen Subjekts, Argument Verlag, Berlin

Helduser, Urte (2016): Imaginationen des Monströsen: Wissen, Literatur und Poetik der ‚Missgeburt' (1600 bis 1835), Wallstein, Göttingen

Helthey, Frank (2017) : Ischa Freimarkt: „Schäfers Märchenstadt-Liliput" 1968 mit Delphin-Nummer dabei. In: Wkgeschichte.weser-kurier.de / Abruf 13. Mai 2022

Hölderlin, Friedrich (2013): Gedichte. Hrsg. Michael Holzinger, Berlin

Jäger, Lorenz (2014): Beschädigte Schönheit. Eine Ästhetik des Handicaps, zu Klampen Verlag, Springe

Jay, Ricky (1988): Sauschlau & Feuerfest. Menschen, Tiere, Sensationen des Showbusiness, Edition Volker Huber, Offenbach a.M.

Joisten, Harald (2022): Jeder Tag ein Kampf. In: Frankfurter Rundschau, Weihnachten 2022, Nr.300

Katja (2022): www.einfach-katja.de / Abruf 30. Dez. 2022

Klee, Ernst (1974): Behindert sein ist schön, Patmos-Verlag, Düsseldorf

Klee, Ernst (1983): ‚Euthanasie' im NS-Staat, Fischer, Frankfurt a.M.

Klunkert, Gabriele (2010): Schaustellungen und Volksbelustigungen auf Leipziger Messen des 19. Jahrhunderts, Cuvillier Verlag, Göttingen

Koebsell, Swantje (2012): ‚Besondere Körper' – Zum Diskurs der Behindertenbewegung und der Disability Studies zu Geschlecht und Körper. Vortrag am Zentrum für Disability Studies, Hamburg, 21. Mai 2012

König, Johann-Günther (2011): Der Bremer Freimarkt: Die Schausteller und ihr Publikum, Kellner Verlag, Bremen

Lau, Jörg (2011): And the winner is – der Behinderte. In: Die Zeit, Nr.64, 24. Februar 2011

Lavater, Johann Casper (1772): Von der Physiognomik, Verlag Weidmanns Erben und Reich, Leipzig

Lichtenberg, Georg Christoph (1949): Über Physiognomik. Wider die Physiognomen zu Beförderung der Menschenliebe und Menschenkenntnis. Gesammelte Werke. hrsg. von Wilhelm Grenzmann. Band II, Holle Verlag, Frankfurt a.M.

Lobe, J.E. (1868): Ohne Arme! In: Die Gartenlaube, Nr.28

Luttmer, Nina (2022): Geschäft mit der Schönheit boomt. In: Frankfurter Rundschau vom 21. Mai 2022

Meier, Nicola (2020): Vielleicht doch kein so schlechtes Spielzeug? In: Die Zeit vom 9. Juli 2020

Montaigne, Michel de (1797): Gedanken über allerley Gegenstände, Bd. III, bey Franz Haas/Buchhändler, Wien/Prag

Mürner, Christian / Sierck, Udo (2009): Krüppelzeitung. Brisanz der Behindertenbewegung, Verlag AG SPAK, Neu Ulm

Mürner, Christian (2022): Narrheit, Textem Verlag, Hamburg

Neumann, Josef N. (2005): Der missgebildete Mensch. Gesellschaftliche Verhaltensweisen und moralische Bewertungen von der Antike bis zur frühen Neuzeit. In: Der falsche Körper. Beiträge zu einer Geschichte der Monstrositäten, hrsg. von Michael Hagner, 2. Aufl., Wallstein Verlag, Göttingen

Nording, Werner (2023): Eiskalte Leidenschaft. In: Frankfurter Rundschau vom 9. März 2023

Ossur-com (2022): homepage. Abruf 14.12.2022

Passmann, Sophie (2022): Schönheit als Waffe. In: Die Zeit vom 24. Februar 2022

Penz, Otto (2010): Schönheit als Praxis. Über klassen- und geschlechtsspezifische Körperlichkeit, Campus, Frankfurt/ New York

Persönlichkeiten. In: homepage der Stadt Irchwitz, www.irchwitz.de, Abruf am 5. Februar 2022

Petra (Fuchs) / Nati (Radtke)(1982): Krüppelfrauentreffen in Hamburg: „Wir erobern unseren Körper zurück!"; Nachdruck eines Artikel der ‚die tageszeitung-hamburg' ohne Datum in: Krüppelzeitung, Nr.3

Platon (1853): Phaidros. Nach der Übersetzung von Ludwig Georgii, Stuttgart

Posch, Waltraut (2009): Projekt Körper: Wie der Kult um die Schönheit unser Leben prägt, Campus, Frankfurt a.M.

Positionspapier der Staatlichen Koordinierungsstelle nach § 33 der UN-BRK aus dem Jahr 2013 beim Behindertenbeauftragten der Bundesregierung, Punkt 5.: Beurteilung

Prerost, Ruedi (2008): Miss Rollstuhl. In: Pro Infirnis, Nr.4, Zürich

Prosinger, Julia (2014): Radikal normal. In: Der Tagesspiegel-online vom 4. Dezember 2014

Radtke, Nati (1981): Mit Puder und Creme wird auch die Krüppelfrau schön. In: Krüppelzeitung, Nr.1

RAL6010 (2012): Magazin für Nachhaltigkeit und Verantwortung, Ausgabe 5, Oktober 2012

Ramus, Margit (2022): Lionel. In: www.kulturgut-volksfest.de/ enzyklopaedie. Abruf: 2. Juni 2022

Rauterberg, Hanno (2010): Ich, der Mittelpunkt. In: Die Zeit, 7. Oktober 2010, Nr.41

Rauterberg, Hanno (2011): Alles sehr nackt. In: Die Zeit, 17. November 2011, Nr.47

Richlick, Elke (2002): Zwerge und Kleingestaltige in der Kinder- und Jugendliteratur vom Beginn des 19. Jahrhunderts bis zur Gegenwart; Peter Lang Verlag, Frankfurt a.M./Berlin u.a.

Röder, Brendan (2021): Der Körper des Priesters. Gebrechen im Katholizismus der Frühen Neuzeit, Campus Verlag, Frankfurt a.M./New York

Rohr, Julius Bernhard von (1718): Einleitung zur Staats-Klugheit, Leipzig.

Rommelspacher, Birgit (2011): Zwischen Irritation, Fürsorge und Aggression. Zum Umgang mit behinderten Menschen. Vortrag, Zentrum für Disability Studies, Universität Hamburg.

Rosenkranz, Karl (1853): Ästhetik des Häßlichen, Verlag Gebrüder Bornträger, Königsberg

Saal, Fredi (1982): Warum sollte ich jemand anderes sein wollen? Erfahrungen eines Behinderten – biografischer Essay, Paranus Verlag, Gütersloh

Sandfort, Lothar (1993): Esmeralda – ich liebe dich nicht mehr. Behinderte emanzipieren sich, Haag & Herchen Verlag, Frankfurt a.M.

Schmidt, Patrick (2017): Bettler, Kriegsinvaliden, Körpersensationen. Campus Verlag, Frankfurt a.M./New York

Schmitz, Barbara (2022a): Was ist ein lebenswertes Leben? Philosophische und biographische Zugänge, Reclam, Stuttgart

Schmitz, Barbara (2022b): Carlotta und die Bilder über das lebenswerte Leben. In: Menschen. Zeitschrift für gemeinsames Leben, Lernen und Arbeiten, 5/2022

Schwimmen mit Handicap. Höchstleistung ohne Arme und Beine (2022): Regie: Eva Deroualle / Alix Francois Maier, Arte-Reportage vom 21. Februar 2022

Scott, Jordan / Smith, Sydney (2021): Ich bin wie der Fluss, Aladin Verlag, Stuttgart

Seeßlen, Georg (2010): Eingeschränkte Bewegungsbilder. Anmerkungen zum neuerlichen Boom der Behindertenfilme. In: jungle-world, Nr.34, 26. August 2010

Sierck, Udo (1982): Sei stolz auf das, was Du bist! In: Der große Wie-lebst-Du-denn. Das Buch über Selbsthilfe, Selbstorganisation und Patientenrecht, Verlag Gesundheit, Berlin

Sierck, Udo/Radtke, Nati (1984): Die Wohltäter-Mafia. Vom Erbgesundheitsgericht zur humangenetischen Beratung, Selbstverlag, Hamburg

Sierck, Udo (1988): Ökologie und Behinderung – Kritik an der Macht der Gesundheit. In: Wocken, Hans/Antor, Gregor/ Hinz, Andreas (Hg.): Integrationsklassen an Hamburger Grundschulen, Curio Verlag, Hamburg

Sierck, Udo (1990): Harmonischer, glücklicher und fähiger. Rezension von Ludger Weß, Die Träume der Genetik. In: konkret – Zeitschrift für Politik und Kultur, 3/1990

Sierck, Udo (2017): Widerspenstig – eigensinnig – unbequem. Die unbekannte Geschichte behinderter Menschen, Beltz, Weinheim/Basel

Sierck, Udo (2021): Bösewicht – Sorgenkind – Alltagsheld. 120 Jahre Behindertenbilder in der Kinder- und Jugendliteratur, Beltz, Weinheim/Basel

Speck, Daniel (2021): Piccola Sicilia, Fischer, Frankfurt a.M., 3. Aufl.

Spiel, Katta (2023): Transreal Tracing. Queerfeministische Spekulationen zu Behinderung und Technologie. In: Glade, Nadine/Schnell, Christiane (Hg.): Perfekte Körper, perfektes Leben? Selbstoptimierung aus der Perspektive von Geschlecht und Behinderung, transcript, Bielefeld

Stammberger, Birgit (2011): Monster und Freaks. Eine Wissensgeschichte außergewöhnlicher Körper im 19. Jahrhundert, transcript, Bielefeld

Staupe, Gisela / Zirden, Heike (2001): Vom Recht auf Unvollkommenheit. In: Stiftung Deutsches Hygiene-Museum und Aktion Mensch e.V. (Hg.): Der (im)perfekte Mensch, Hatje Cantz, Hamburg

Steiner, Gusti (1974): Behindert sein ist schön. In: Klee, Ernst (1974): Behindert sein ist schön, Patmos-Verlag, Düsseldorf

Stillbauer, Thomas (2022): Ohne Füße quer durch Deutschland. In: Frankfurter Rundschau vom 8. April 2022, Nr.83

Tervoren, Anja (2003): Phantasmen der (Un-)Verletzlichkeit, Körper und Behinderung. In: Der (Im-)Perfekte Mensch. Metamorphosen von Normalität und Abweichung, hrsg. von Petra Lutz u.a., Böhlau Verlag, Köln

‚Tracks' (2022): ARTE-Magazin ‚Tracks' vom 14. Januar 2022

Unthan, Carl Hermann (1925): Das Pediskript. Aufzeichnungen aus dem Leben eines Armlosen, Verlag Lutz, Stuttgart

Veiel, Axel (2012): Der Fischmensch. Ohne Arme und Beine schwimmt Philippe Croizon durch die Weltmeere. In: Frankfurter Rundschau vom 14. Mai 2012

Vogelweide, Walther von der (1907): Gedichte, Borngräber Verlag, Berlin

Waldschmidt, Anne (2006): Körper – Macht – Differenz. Vortrag am Zentrum für Disability Studies, Hamburg, 29. Nov. 2006

Waldschmidt, Anne (2020): Disability Studies zur Einführung, Junius Verlag, Hamburg

Wasmuth, Volker (2021): Body Positivity – Das neue Bild vom eigenen Körper: Dokumentarfilm, ZDF/3SAT vom 2. Dezember 2021

Wehling, Peter (2023): (Selbst-)Optimierung. Ein Effekt von Biomacht und kapitalistischer Ökonomie. In: Glade, Nadine/Schnell, Christiane (Hg.): Perfekte Körper, perfektes Leben? Selbstoptimierung aus der Perspektive von Geschlecht und Behinderung, Bielefeld

Werner, Hendrik (2016): Matthias Buchinger: „Großartigster Deutscher" In: Weser-Kurier-online vom 2. Februar 2016

Zamponi, Rolf (2009): Milliarden für die Schönheit. In: Hamburger Abendblatt vom 28. September 2009

Zander, Michael (2022): Ist Behinderung eine soziale Konstruktion? In: Zeitschrift für Disability Studies, Nr.1

Zirden, Heike (2003): Einleitung – Die Erfindung der Normalität. In: Der (Im-)Perfekte Mensch. Metamorphosen von Normalität und Abweichung, hrsg. von Petra Lutz u.a., Böhlau Verlag, Köln

Zitty (1994): Stadtmagazin für Berlin, Nr.24

Internetquellen

opera-platonis.de
projekt-gutenberg.de
archiv-behindertenbewegung.de
wellcomeimages.org
zeno.org